品·智家教 003

教孩子怎样读书

轻松阅读的 78 种方法

陈良琪　孔宁◎编著

北方联合出版传媒(集团)股份有限公司

万卷出版公司
VOLUMES PUBLISHING COMPANY

ⓒ 陈良琪 孔宁 2009

图书在版编目（CIP）数据

教孩子怎样读书：轻松阅读的78种方法／陈良琪，孔宁编著.—沈阳：万卷出版公司，2009.9（2009.9 重印）
（品·智家教）
ISBN 978-7-5470-0163-9

Ⅰ.教… Ⅱ.①陈… ②孔… Ⅲ.读书方法—儿童读物 Ⅳ.G792-49

中国版本图书馆 CIP 数据核字(2009)第148228号

设计制作／ 智品书案 ZHIPIN BOOKS

教孩子怎样读书：轻松阅读的78种方法

出 版 者	北方联合出版传媒（集团）股份有限公司 万卷出版公司
地　　址	沈阳市和平区十一纬路29号
邮　　编	110003
联系电话	024-23284090
电子信箱	vpc_tougao@163.com
印　　刷	北京振兴华印刷有限公司
经　　销	各地新华书店发行
幅面尺寸	720mm × 1000mm　　1/16
印　　张	15.5
字　　数	140千字
版　　次	2009年9月第1版　2009年9月第2次印刷
责任编辑	刘应诚
书　　号	ISBN 978-7-5470-0163-9
定　　价	24.00元

读书，我们要讲求方法

书是阶梯，书是船只，书是良药，书是智慧，书是老师，书是遗训、忠告和命令。

纵览古今，横观中外，大凡事业上有成就的人，无一不和书有不解之缘。然而，书海茫茫，书山巍巍。有的人善走水路，有的人独辟蹊径。他们在学海里踩出了知识的浪花，在书山上留下了自己攀登的脚印。

实践证明，同样是读书，但取得的收获和效果却大不一样。这好比做菜，厨师能使之成为艺术，而一般人只能是将其做熟而已。由此可见，能读书和会读书并不是一回事。有的人是因为好奇而读书，有的人是为了好胜而读书，有的人是为了实现自己宏伟的目标而读书，有的人只是为了打发时间而读书……无论是抱着什么样的想法，只有讲究科学的读书方法和熟练的读书技巧，才能提高读书的效率。在科学技术迅猛发展的今天，从春秋时期孔子读《易》——韦编三绝的故事，到现在的知识激增、信息爆炸，谁也不可能读完世界上所有的书籍。不少人因为读书不得法，影响读书学习的积极性；有些人甚至怀疑自己接受信息的能力，苦于读书不得法而事倍功半。这就更加显现出读书方法的重要。正可谓"书山有径，急时难寻，信息似海，收存有术"。

那么，我们怎样读书才会取得比较大的收获

呢？这正是我们编写这本书的目的所在。我们根据有关资料、名人读书经验和自己的读书实践，编写了这本《教孩子怎样读书——轻松阅读的78种方法》，献给那些追求知识、渴望成材而又感到困惑的朋友，希望本书对他们，尤其是青少年朋友能有所启迪，有所帮助，尽快提高他们读书的速度，巩固他们读书的效果。

教孩子怎样读书

◎读书，我们要讲求方法

第一篇　精读篇

第二篇　泛读篇

第三篇　研读篇

第五篇　综合篇

精读篇

温故而知新
——隔时读书法

德国哲学家狄慈根在介绍自己的读书经验时说过："重复是学习的母亲。"这是一句至理名言，也是读书中的座右铭。

"重复是学习的母亲。"作为读书方法来讲，就是温故知新，也叫做隔时读书法。我们所说的隔时读书法，就是隔段时间就要重复地去温习已读过的书，这样才能巩固已有的知识。在读书做学问时，为什么需要这样一个隔一段时间就重复的过程呢？

记忆是人类所具有的一种重要能力，读书更离不开记忆。其实，任何惊人的记忆力，任何知识的掌握，都不是天生的，都是反复学习的结果。在浩瀚的书海中，如果不反复地学习、反复地实践，那么，自己最终能学到多少知识呢？所以，不会反复，就不会读书。从这种意义上说，隔时读书法是非常重要的读书方法。

孔子是我国古代著名的学者和教育家，他的读书"窍门"很多，"学而时习之"、"温故而知新"这些隔时读书的主张都是孔子最先提出的，也是由他最先做到的。脍炙人口的"韦编三绝"这个典故，说的就是孔子为了把深奥的《易经》弄懂读通，日复一日地，每隔一段时间就反复阅读，不知读了多少遍，以至于把串联竹简的牛皮带子磨断了三次。最后，他终于读懂了《易经》，并为深奥难懂的地方作了校注，为后人研究这本古代典籍做了贡献。可见，隔时重复读书，可谓孔子学《易经》的"捷径"之一。

经常隔时反复，好处很多，其乐无穷。表现在以下几方面：

一、隔时读书有助于记忆

世界上没有"一蹴而就"的学习捷径和记忆方法，但是隔时阅读可算是一种行之有效的读书方法。有人把反复比喻成雕刻刀，每反复一次，就在人们的记忆石碑上雕刻一次。日积月累，烙下深深的痕迹，就再也冲刷不掉了。通过反复可以加强记忆。

相传司马光对上千年的史料记忆和运用得都非常娴熟，写下了巨著《资治通鉴》。但他幼年时记忆力并不过人，常常觉得不如人家。每当老师讲完课，他便一个人留在课堂里，关上窗户，用心攻读，反复多遍，直至合上书能倒背如流，才去休息。他一直到老，都坚持反复攻读而熟记的学习方法。看来司马光的博学，并不是靠天生就灵的脑瓜，而是靠"隔时反复攻读"的实践。

我国著名科学家茅以升的记忆力很惊人，古稀之年，仍能背出小数点以下一百位精确数值，人们问他是怎样记住的，他说："说起来非常简单，就是重复！重复！再重复！"

二、反复读书，避免疏漏，加深对知识的理解

我们知道，书本的知识都是前人辛勤探索归纳的结晶，书中常有一些难点，我们学起来也不能完全理解；另外一些经典著作和一些大部头书籍只读一遍，肯定会有许多忽略和难以读懂的地方，这些地方往往是全书或某章的重点精粹所在，只有反复读才能弥补初读的疏忽，深刻理解全书的要旨。况且，在每次重复读书相隔的时

期里，无论自觉与否，人脑都会对曾经读过的书产生新的思考和领悟。所以不仅要反复，还要隔时反复。

著名阿拉伯哲学家、科学家、医学理论家阿维森纳，有一次在读亚里士多德的《形而上学》时，怎么也看不懂，于是他就反复地读，决心一定要弄

> 读之再读。你准会觉得奇怪，昨天不懂的东西，今天竟完全懂得了。
> ——于·列那尔（法国作家）

懂，一次阅读不明白的地方，下次再读，从头到尾在不知不觉中读了 40 多遍，竟然都能背出来了。就在这多次反复中，由不懂到懂，由纷纭迷茫到理清头绪。后来，他在跟朋友探讨亚里士多德的这本书时，听了别人对此书的看法，从中深受启发，领悟了这本书更精深的内容，这显然与他读了 40 多遍是分不开的。

三、隔时读书可以获得新知

"温故而知新"这句名言很精辟地说明了温习已学过的知识和获得新知识的关系。只有读的次数多了，了解得深刻了，才能不断地发现新东西，反过来又能贯通和巩固所学的新知识，最后有所发展和创新。

马克思在文艺方面，经常读歌德、莱辛、莎士比亚、但丁和塞万提斯等世界名作家的作品。而且能整段整节地背诵，他还对自己做了一条重读的规定，就是对希腊悲剧作家爱司启拉留斯的希腊原文著作，每年都要重读一次，每次重读还做笔记。由此看来，批判和吸取、借鉴和创新、继承和发展，也是建立在对前人知识温习深透的基础之上的。

标记精读，读到精髓处
——标记读书法

常听到有家长这样教训孩子："瞧瞧某某某，多么爱惜书本，一个学期下来教科书还是干干净净的，哪像你，里面乱七八糟画满'鬼画符'？"当真是看完一本书以后，里面无半点勾画标记，整洁如新书方是好的吗？其实不然。

读书的实质是要掌握书中要义。在阅读过程中勾画重点、标记疑问，就是了解作者写作目的并与作者产生思想共鸣的过程，是在分析思考中读书的一种表现。这样标记精读反复阅读，书脏一点、破一点也是很自然的事情。

孔子晚年喜读《易经》，反复研读，以致把捆竹简的牛皮绳子都磨断了三次，留下了"韦编三绝"的佳话。这恰恰是把书"吃透"状态下的破。相反地，读过一本很好的书，而它依然干净如新，那么虽是读过却如同未读，因为书中的内容未必在你脑海中留下深刻的烙印。

读书动笔标记，是学人重要的常用读书方法。可以说，在书上"勾勾画画"是学人在读书中总结出的经验，但每个人所使用的记号又不尽相同。

钱钟书少时，有边读书边加圈点的习惯。他早年在清华园求学时，曾遍读清华图书馆的书籍。在一次次看书过程中，他喜欢用又黑又粗的铅笔画下佳句、妙句。

毛泽东每读一本书，都在重要的地方画上圈、杠、点等各种符号。早年他读鲍尔生著，蔡元培译的《伦理学原理》，全书逐字逐句都用毛笔加以圈、点、单杠、双杠、三角、叉等符号。50年代初开始一直陪伴他的一套乾隆十二年（1747）武英殿版线装《二十四史》，共850册，每册都有他圈点、勾画的标记。

有名的学人读书如此，我们读书更需要如此。如果说，能够将所学存在脑海里且挥洒自如才真正是属于自己的知识的话，那么无疑这种知识很大程度上来自于"标记精读"的读书方法。读一本重要的书要仔细地去读、要边思考边读。这样精读过程中不可避免地有些地方会有疑问想标记、一些妙句想勾画、有些重点和难点想圈画，实际上这样做就是"标记精读"。

但是，并非所有的书都需要标记精读，如果当真这样就有些浪费生命之嫌，有些书只要明其大意就可以了。所以，这里就存在着一个选择的问题——要明确目的，认真挑好要精读的书，有些不好确定的书可以先略读再做决定。

> 读书求精不求多，非不多也。唯精乃能运多，徒多徒烂耳。
>
> ——郑板桥（清代画家）

熟读是精思的基础，精思又是熟读的条件。只有熟读，才能记得牢，"一唤便在眼前"，只有记得牢，才能思得精，领会所学的东西。善于"标记精读"就可达到上述的领会，就会寻得书中的精髓。

对知识挥洒自如的运用很大程度上是通过"标记精读"来实现的。相信，经常使用人们学习生活中最重要的读书方法之一——标记读书法，会使你的学习更上一层楼。

广博精深，学有专攻
——三角式积累读书法

　　三个几何基本图形，想来人们并不陌生，它们分别是圆、正方形、三角形。这里暂且抛开其纯数学上的含义，就人们读书积累知识的形态而言，可以形象地勾勒出三种人群——圆形知识结构的人、方形知识结构的人、三角形知识结构的人。

　　● 圆形知识结构的人，知识容量大，但是各科用力平均，没有专业方向。此种类型的人尤如一则谚语所言，是"样样都抓，门门不精"的尴尬类型。

　　● 方形知识结构的人，对好几种技能的了解都超过了普通的水准，但是却不足以形成有别于他人的专业特征。罗曼·罗兰曾讲过，"与其花许多时间和精力去凿许多浅井，不如花同样的时间和精力去凿一口深井"。如果说以凿井来比喻知识的精深的话，那么方形知识结构的人就是犯了"花许多时间和精力去凿许多浅井"的错误。

　　● 三角形知识结构的人，其知识积累形态呈上尖下宽形，是阅读广泛、知识面广而且对一门学科掌握得非常精深，足以超出他人的读书类型。有一则谚语讲得好，"聪明人接触所有的知识，但他是精通一门来认识世界"。三角形知识结构的读书人就是"接触所有的知识"以"精通一门来认识世界"的典型。

　　我国现代著名编辑和政论家邹韬奋就是以三角形知识结构的方式来读书的。邹韬奋上中学的时候，学校国语课主要讲的还是古文。他求知欲很强，不满足于课堂上老师所教的几篇范文，于是把清人编的厚厚 75 卷的《古文词类纂》及《经史百家杂抄》和唐宋八大家个人的文集统统搜罗来，从头至尾地看。这中间，他发现自己比较喜欢的文章，就反复阅读。

按照邹韬奋这种方法读书，所要读的书被分置在三个不同的层次上：第一个层次是浏览，在浏览中发现必须再看一遍的书或一部书的若干章节；第二个层次是略读，在略读中找出自己必须反复精读的书或一部书的若干章节；第三个层次是精读，即反复研读由前两个层次择取出来的自己"最喜欢"的书或章节。

这样，读书的时候，便不再不分良莠，平均用力；而是在广泛博览群书的基础上，精读最重要的部分。所读的书，经过层层精练，形成了一种"三角式"的积累。最底下的一层最大，是一次性浏览的；第二层小些，读的比第一层精些；第三层、第四层更小，而读得也更精。越往上，书的数量越少，重读的遍数则相应越多。

另外，如果仔细琢磨一下我国的读书教育方式，可以发现，它其实也是一种"三角积累式"读书教育。小学到中学是以博为主的读书教育；高中二年级开始分文科与理科，学习的范围有所缩小；进入大学以后，学习的范围进一

> 有些书可供一尝，有些书可以吞下，有些不多的几部书则应当咀嚼消化。
> ——培根（英国哲学家）

步缩小；如读到硕士、博士、博士后研究生，则研究学习的范围缩为一个点或一个方向，其专业的水准则可达到极高点。这样就形成了一种上尖下宽的"三角式积累"的学习系统。正是这种外在的教育学习系统，让人们在读书中也不知不觉地遵循着"三角式积累"的规律。"三角式积累读书法"既广博又连接精深，既有开阔的阅读视野，又连接精髓的专门攻读。不可否认，"三角式积累读书法"实在是一种值得借鉴的好读书方法。

不动笔墨不读书
——"档案"读书法

俗话说"口读十遍，不如手过一遍"。记录读书"档案"，对于加深理解和巩固学过的知识，无疑是十分必要的。我国著名历史学家顾颉刚先生从 20 年代初，就每天勤于阅读、勤于摘录、勤于写心得，数十年如一日，一生写下的笔记共有 500 多万字，达 200 多册。这些笔记生动地反映了他一生读书的收获。

读书"档案"，是读书者在读书过程中积累资料的结果，它实际上是一个内容广泛，形式多样的整体。古今学者按照各自的特点、爱好和需要，创造出各具特色的做读书"档案"的方法。归纳起来有以下几种：

一、批语"档案"法

批语"档案"法，就是在原文的顶端的空白处，加上眉批或在原文后面加尾批，在行与行之间加旁批。总之，读书一有心得，就可以随时随地把自己的感受、体会等批注在书本的天头、地脚、段尾、篇末和空白处。这种方法被人们普遍采用，它的好处是简便、灵活，有助于培养言简意赅的好文风。毛泽东同志早年读过的书，上面朱墨分呈，圈圈点点。他在阅读《伦理学原理》时，在这本只有 10 万字的书上，竟然写下了 12000 字的批语。

二、符号"档案"法

符号"档案"法，就是阅读时在书本上即兴做下的各种记号，如直线、曲线、圆圈、方框等。在阅读过程中，我们发现新颖的观点、精辟的论述等，都可以用各种表示不同含义的符号标注出来，便于找出重点，加深印象。对于那些比较长的段落，还可以用阿拉伯数字标出层次，使其条理清晰，便于记忆。如列宁做符号笔记时就有自己独特的方法：在边上画一条直线，表示此处值得注意；画两条或三条直线，表示特别注意；写上"NB"两个字母则表示非常重要等。

三、摘录"档案"法

摘录"档案"法，就是把原文中的重点、难点、结论、名言、警句或重要的史料等抄录下来，以便日后检索。摘录时必须依照原文，不能断章取义，不能改动原文的字句和标点符号。此外，还要注明出处，包括书名、作者、页数等，以便需要时查找核对。著名史学家吴晗说过："摘抄绝不是一项简单的机械的抄写工作，而是极其重要的学习方法。每抄写一遍，就更加巩固你的记忆，加深你的理解，激发你的创造。"

四、提纲"档案"法

提纲"档案"法，即读过一本书后，把原文的基本内容、中心思想，用自己的语言加以概括总结；也可以摘引原文，并加上自己的说明，以起到提纲挈领的作用。韩愈在《进学篇》中说："记事者必提其要。"指的就是提纲笔记。这种读书笔记首先需要通读原文，理解透彻，抓住重点，然后把基本内容概括出来。文字力求简明扼要，但不要把自己的感想、看法写进去。

五、心得"档案"法

心得"档案"法，就是读过一本书或一篇文章后，把自己的感受、体会及观点写下来。其写作形式不拘一格，可以针对书中的一个问题或观点来写，也可以针对整本书写，写时要注意联系实际，既可以针对当前的社会现状，也可以对照自己的实际情况。应做到紧扣原文，突出重点，有感而发。马克思和恩格斯合著的《德意志意识形态》一书，就是典型的心得笔记式的专论。

六、专题"档案"法

专题"档案"法，就是把书籍或若干资料中的相同内容分门别类地加以整理，综合到同一个题目或专题下。我们在阅读时，有时会发现不同版本的书籍、不同地方的报刊文章讲的都是同一内容。这样我们就可以有目的地做分类笔记，把这些资料归纳到一起。做这种笔记，要求简练、准确、全面。

做读书档案的方式、方法多种多样，有的人用笔记本，有的人

> 凡看过的书，都要写读书笔记。
> ——列宁（苏联政治家）

用活页纸，也有的人用剪贴的方式，还有的人用统一的卡片。但不论用哪种方法都应做到认真、精练，并要做到持之以恒。

好记性不如烂笔头
——笔记读书法

"为什么读书抓不住重点？""为什么读书后重点很快就忘了？""为什么读了好些书，知道了许多材料，但临到用时又找不到了？"许多读者经常提出这样的问题。怎样才能解决这一问题呢？

首先，让我们看看先人们是怎样读书的。古人有一条著名的治学经验，即读书要眼到、口到、心到、手到。其中的"手到"就是做笔记。善读书者，总是书不离笔。

东汉哲学家王充酷爱读书，但那时，还没有便于随身携带的钢笔或铅笔，他为了做笔记，便在房屋的窗台上、书架上、壁洞里，到处都安放了笔砚简牍，遇到有价值的东西或自己有一些体会就随时随地写下来。经过几十年的积累，他借助笔记整理了大量资料，写成了一部85篇约二十余万言的《论衡》。

法国杰出的科幻小说家凡尔纳一生做笔记二万五千多本。俄国作家列夫·托尔斯泰身边常带着笔记本，他自称"遇到读书和谈话时一切美妙的地方和话语，都把它记下来"。

他们之所以这样重视记笔记，是因为记笔记是读书的重要方法，是治学的主要工具。

既然记笔记对读书有这么多帮助，那么读书笔记有几种呢？

第一种，眉批笔记。在阅读时随手进行，即是在书中重要句段下面，标上圆点、直线、曲线、波浪线、双线等记号。或者把读书时产生的心得、评语、疑问，随时写在书页的空白处。

第二种，摘录笔记。发现书中好的观点和内容，在笔记本里记下来，主要用于积累资料。其方法有二，一是摘录原文；二是作内容提要。

第三种，提纲笔记。适用于较为艰深的书和文章，将其内容、要点，用排列的形式记下来。

第四种，心得笔记。把读书的心得体会写成短小的文章、札记、随笔，作为自己的研究成果保存下来。

在读书中，究竟采取哪种记笔记方法最好，这要根据自己的具体情况来加以确定，灵活掌握。同时，前人和别人的方式方法还可以进行参考和借鉴，这对于我们读书是大有益处的。

"最浅的墨水也能胜过最好的记忆"。这句话道出了笔记读书法精妙之处。

连贯与取舍的统一
——程序读书法

说到读书，似乎是很容易的事，只要拿书来读就是了，但事实上并不是这样简单。

有些人由于读书心切，拿到一本书就从正文第一页一口气读到最后，不考虑这本书的编写格式、文章组织形式、主要内容以及读这本书的主要目的；有的人是漫无目的随便翻翻；有的人是寻找书中精彩部分读，东看一段，西看一段，有兴趣时翻一翻，无兴趣时扔一边。

在书海中如何挑选适合自己的书要有窍门，拿到一本书如何去阅读也要有方法，要遵循一定的程序和步骤，要系统、完整、循序渐进，这就是程序读书法。

当我们打开一本书时，首先应该明确这本书是为了解决哪些问题，哪些是重点研读部分，这就要求我们在读正文之前，对书名、作者、内容提要、序言、目录、结束语有较清晰的了解。依照这样一个程序去读书，才能分清书中的轻重缓急，从而提高你的读书效率。

一书在手，最先映入眼帘的是书名，所以读书首先应该读书名。一般说，书名有虚实两种。虚的，往往用比喻或象征的手法定书名，如《茶花女》、《高山下的花环》等；实的，则直接用事件、人物、地点、时间来命名，如《西游记》、《静静的顿河》等。此外，有的书名直接表现了主题，如《岳飞传》、《战斗的青春》等；有的书名则不能看出主题思想，如《林家铺子》、《安娜·卡列尼娜》等，但不管如何，作者在给一本书起名时都是经过反复推敲才能完成的。

明确了书名，还要了解写这本书的人——作者。读书研究作者有助于了解有关学术动态、学术流派，有助于自己建立完整、系统的知识体系。

掌握了书名，了解了作者，接下去是阅读内容提要。它可以帮助你判断对该书的取舍和阅读方式。

假如读完内容提要还不能完全准确地判断此书的阅读价值，这时就应该往下接着读目录。

目录是每本书所必列的重要一项，它就像一座百货大楼的指引牌，读者在读书时不注意看目录，就如进百货大楼不看指引牌一样，楼上楼下来回窜，东南西北反复走，也没找到自己最想买的商品。由此可见读书要读目录的必要性。

读目录，不只是看书前的程序，在阅读全书过程中，也应不断地阅读目录，以唤起并把握住对全书结构布局的清醒注意，使自己阅读书中每一部分时都能与整体挂上钩。这样获得的知识，就是完整有序的。

目录之后是读序。序，在不同的书中有不同的称呼，有称前言、绪言、引言或称序例、序文、编者的话、出版说明等等。总之，不论称呼如何，其作用是相同的。

语言学家王力先生认为，首先应该读书的序

> 青年同志们必须记住，要想连跑带跳地把过去的一切文化遗产都得着，那是办不到的，这需要有坚定、顽强和艰巨的劳动。
> ——奥斯特洛夫斯基（苏联作家）

例、序文和凡例。只看正文不读序例是个坏习惯。序例里边有很多好东西。序例以介绍该书的读者对象、主要内容及写书的缘起、意图、经过、体例等内容的文字，有的序文还要介绍作者情况，有关背景材料以及对该书的评论分析等。

按一般程序，读完序言，就可以读正文了，有关读正文的方法，本书其他各章将进行专门分类介绍，此处就略而不述了。

一般书籍还有结束语，读完正文之后不可不读结束语。结束语是对该书所要阐述思想的总结，带有作者提纲挈领式的回顾，尤其是对写作过程的回顾，读结束语有助于对全书进行总结性的考察。

以上所说的是读一本书的程序，请不要小看"程序读书法"，如果读书学习时都能把住这一关，效果自然大不一样，你若正有一本书在手时，不妨试试"程序读书法"。

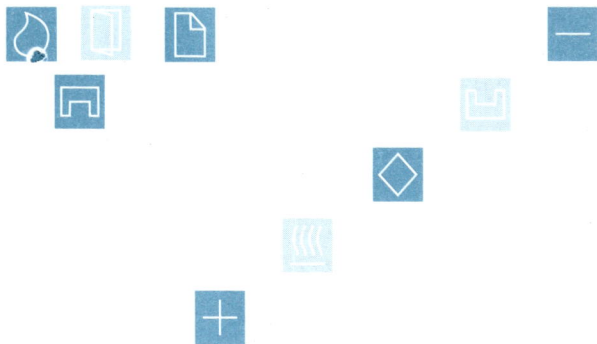

随时记下看到的独到之见
——储蓄读书法

知识的大门，对于每个人都是无私地敞开着的。每个人都渴望自己具有非凡的记忆力，用头脑储存更多的知识，这就是内储。有许多人，读的书确实很多，当时凭脑子也记得一些东西，但忘的也不少，等到要用的时候，又捕捉不到了，就像竹篮打水，结果是一场空。还有一种方法是外储，就是利用笔、本、卡片、录音磁带等来储存必要的知识。内储和外储两者要兼顾。

我国著名的历史学家吴晗总是随身携带着一叠卡片，在阅读书籍、报刊时，凡是遇到对他有价值的资料，就抄在卡片上，每张卡片只记录一件事或一段话，并且记下出处。在他的书房里，不仅有卡片柜，还摆着许多卡片盒。多年来，他亲手做读书卡片几万张，并按内容分类，把大量的资料储存起来，像使用银行中储蓄的钞票一样，随时用随时取。这样做，既方便，效果又好。记卡片，确实是读书、自学中储存知识的好方法。

那么，这种习惯是怎样形成的呢？就是在读书、看杂志、看报纸时就应该把卡片、笔摆在旁边，遇到有应该记的，包括自己在读书时闪现的想法、感受或有一些疑点、新的观点、动人故事等立刻写在卡片上，决不可偷懒或过分相信自己的记忆能力。如果环境不允许当时写，就把卡片夹在应该记的书页里，以后有时间补记下来，这就是所说的手勤。心细就是不要忘记记下卡片内容的出处。当然也可以把自己的所见所闻等随时记在卡片上。

　　记卡片的方法是很多的，各人的办法也不尽相同。最好的办法是把卡片随时进行分类，就是把读书的卡片分成若干个大类，装入纸袋里，标上类别，按照一定顺序整齐地存放起来。如果有条件，把卡片放入卡片盒中，然后再做一张导卡（也叫指引卡）。导卡有高出普通卡片的突出部分，在这个突出的部分写上类目或标记符号，然后插在该类的最前面。

　　为了把读书卡片记得更好，发挥其更大的效率，还须注意以下几点：

　　第一，卡片的大小要差不多，用稍好一点的硬纸即可，可以自己裁制，不一定非用买的卡片不可。

　　第二，记卡片的格式要一致。如题目、内容、出处，要按照一定的格式写，不能随意地想怎么写就怎么写，否则就会杂乱无章，眉目不清，到用时查起来麻烦。

　　第三，资料最好都记录在卡片上。如果是自己订的报刊资料，可以剪下来贴在卡片上；如果剪报比卡片大，可以折叠一下，用曲别针夹在卡片上。

　　第四，字迹要清楚，不可马虎。近代思想家章太炎说过："一字不清，误事千载。"所以读书卡片一定要认真抄写。写完以后，还要认真校对一下，避免差错。

　　第五，用完卡片以后要及时地放回原处，以方便今后再次查找。

　　卡片资料就是自己的另一个头脑。卡片盒就是储蓄知识信息的宝库。

半部《论语》治天下
——"基本书"读书法

提起"半部《论语》治天下",人们自然会想起宋代三次为相的赵普。他少时为吏,读书不多,当了宰相后,宋太祖劝他读书,赵普便用起功来。他每天回到家里,就关上门,打开书箱,捧起唯一的一部《论语》钻研。天长日久,果见成效,使他处理政事的能力不断提高。赵普甚至对宋太宗这样说:"臣有《论语》一部,以半部佐太祖定天下,以半部佐陛下致太平。"赵普死后,家里人打开他的书箱一看,仅一部《论语》而已。可见,赵普是把《论语》作为"基本书"读的。

古今中外,大凡有成就的人都很重视"基本书",这类书一经确定下来,往往成为他们终身研读的对象,须臾不离左右,终使事业和学问有成。

例如汉代的荀悦,他口才极好。这本领是从哪里学来的呢?是从《战国策》中学来的。他认为"天下要物,只有一部《战国策》",因此父母死后守孝,也把它带在身边,随时研读。可见,荀悦是把《战国策》作为"基本书"来读的。

英国学者赛缪尔·斯迈尔斯曾说:"一本好书就像是一个最好的朋友。它始终不渝,过去如此,现在如此,将来也永远不变。它是最有耐心、最令人愉快的伴侣。在我们穷愁潦倒、临危遭难的时候,它也不会抛弃我们,对我们总是一往情深。在我们年轻时,好书陶冶我们的性情,增长我们的知识;到我们年老时,它又给我们以安慰和勉励。"

那么，像上述的读书方法，知识面会不会太窄呢？这问题清人李光地回答得好："太公只一卷《丹书》，箕子只一卷《洪范》，朱子读一部《大学》，难道别的道理文字他们都不晓？"事实证明，这些人的知识都非常丰富，并干出了一番伟业。

> 如果把一两部书读深、读透、读精，须臾不离左右，且能运用自如，将会一生一世受用不尽。
> ——编者

另外，青年朋友会问：世界上的书籍浩如烟海，如何确定自己的"基本书"呢？我们说，"基本书"的确定，是要慎重的，并不是任何一本书都可以进入"基本书"的行列。怎样确定自己的"基本书"呢？在这里要坚持以下几项原则：

- 要根据自己的需要，尤其是你所打算专攻的那门学问来确定。
- 选择那些公认的好书。
- "基本书"的数量，不宜过多，最好1-2种。
- "基本书"既已确定，不要轻易更换，朝令夕改是大忌。

"基本书"读书法，犹如鼓满风帆的大船，载你乘风破浪，勇往直前，奔向理想的彼岸！

平面书，立体读
——立体读书法

苏联教育家加里宁曾经说过："当你们独自阅览时，你们只了解到一面，即令了解了三面，还是没有了解到第四面。终于把四面全都了解了，哪知这东西不是一个平方体，而是一个立方体，却总共有六面。"我们把这种全方位的读书方法称作"立体读书法"。

立体读书法，就是要求你读书时不单从一方面去读，而从多角度、多方面去读。既看正面，也看反面；既横阅，也纵阅；既可左顾，也可右盼。总之，务将各方含义都理解。

鲁迅先生也常常采用立体读书法。他对这种读书法有自己精辟的见解："倘要看文艺作品呢，则先看几种名家的选本，从中觉得谁的作品自己最爱看，然后再看这一个作者的专集，然后再从文学史上看他在历史上的位置；倘要知道得更详细，就看一两本这人的传记，那便可以大略了解了。"

"立体读书法"是根据人的思维规律所制定的。我们知道，单一的、平面的思维是不能适应对事物越来越深入的认识要求的。这正如平面几何，它对于研究平面几何图形的形式尚是有效的，但一进入多维空间、弯曲表面或球面体时，它就无能为力了。因此，科学家引进了一个新的概念——"立体思维"。这种思维方式要求对认识对象采取多方位、多角度、多手段的思索、考察，力图真实地反映这个事物的整体及其与周围事物的联系。科学家们认为，这是一种最富创造性、最有成效的思维方式。

在这里，我们提出几点建议：

首先，要多思。"多思"既指多方面地思考，也指深入地思索。只有多思，才能理解书的多方面意义，不仅知其正面，还知其反面；不仅知其表面，还知其骨髓；不仅知其本意，还知其喻意、转意及言外之意等等。

其次，要重读。人的读书是与读书者当时的认识水平、所处环境和关心的问题有直接关系的。这次不理解的问题，下次读就可能理解；这次不需要、不关注的内容，下次就可能是最急需的。因此，重读一次，便能有一次新的收获。

最后，要多议。多议，就是找人多讨论。在节奏不断加快的现代生活中，仅仅靠个人的奋斗、个人的能力，要完全做到立体思维、多方观照和对事物多角度的理解是很困难的，只有联合兴趣相投、才能不同的个人，建立立体形的知识信息网络，构成"集团冲锋"的优势，才能达到这个境界。

总之，平面书可作立体读。恰当而灵活地运用"立体读书法"，不仅会涉及到知识的各个层面，使你把书读得更深透，理解得更全面，而且思维的触角会不断地触及到平时被忽略和遗忘的每一个角落，从中挖掘出新的知识"宝藏"。

反复提炼，浓缩精华
——浓缩读书法

不同的书有不同的含金量，含金量高的书，第一言之有物，传达了独特的思想或感受；第二文字凝练，赋予了这些思想或感受以最简洁的形式。这样的书自有一种深入人心的力量，使人过目难忘。

我们在读书的过程中对阅读的材料也是如此，要去粗取精，提炼浓缩，找出最重要的、最有价值的内容加以钻研。作家秦牧对此曾有过精辟的见解，他说："读过的书得择要在心里储藏起来，使它真正成为自己精神上的财富"。这里"择要—储藏"的过程，实际上就是"浓缩"的过程。

浓缩式的读书法和做笔记、摘要、卡片有密切关系。做读书笔记实际上就是一个把阅读材料加以浓缩、提炼的过程。笔记不应该仅仅是原书的简缩本，而应该是经过反复考虑和斟酌挑选出来的重心、核心内容。摘要法是抄读的一种常用方法，主要是把阅读后认为重点的部分、有资料价值的部分记录下来，这样做，既能积累知识，储存资料，还能使理解加深，记忆牢固。卡片法是指用做卡片摘录资料来辅助阅读的一种方法。这些内容应该如爱因斯坦所说的："在阅读的书本中找出可以把自己引到深处的东西。"

浓缩记忆法也是浓缩读书法的一种形式。主要是把一些复杂的知识进行简化，用具有代表性的字或词改成简练的语句，来进行记忆。浓缩记忆法的关键在于寻找具有代表性的字或词，这些简练的语句能起到提示作用，使记忆的知识像串珠一样被由点带线地回忆起来。

比如，为记历史上秦末农民战争的原因，则将概括为"税重、役多、法酷"。氧化—还原反应规律："物质所含元素化合价升高的反应是氧化反应，该物质是还原剂；物质所含元素化合价降低的反应是还原反应，该物质是氧化剂。"这段话记忆起来很不方便。如果浓缩成"失—氧—还，得—还—氧"，意思是"失电子（的物质）—被氧化了—（该物质即是）氧化剂"。这样，复杂的氧化—还原规律一经浓缩既容易理解，又容易掌握。

还有一种更广义的浓缩，它表现在选择读物上。前人留下那么多书籍，读遍是不可能的，只能加以精选。

曹雪芹借林黛玉之口阐述读诗如何精——《红楼梦》第四十八回里，香菱向黛玉请教如何做诗，黛玉说："这里有《王摩诘全集》，你

> 最优秀的书籍是一种由高贵的语言和闪光的思想构成的财富，为人类所铭记，所珍惜，是我们永恒的伴侣和慰藉。
> ——塞缪尔·斯迈尔斯（英国作家）

且把他的五言律一百首细心揣摩透熟了，然后再读一百二十首老杜的七言律，次之再李青莲的七言绝句读一二百首；肚子里先有了这三个人做底子，然后再把陶渊明、应、刘、谢、阮、庾、鲍等人的一看，你又是这样一个极聪明伶俐的人，不用一年工夫，不愁不是诗翁了。"香菱按照黛玉的讲法去做，果然她做诗有了很大的进步。

浓缩和精选，同博览并不矛盾。前人的经验告诉我们，博览解决的是知识的广度问题，它是一个基础。在这个基础之上，才能确定怎样精选、怎样浓缩，从而解决知识的深度问题。读书只有广度而没有深度，人就不能有所创造，有所前进。但是没有广度，也就难有深度。因此，读书的博与精是相辅相成的。

爱吾师尤爱真理
——思考读书法

孔子有一句话："学而不思则罔，思而不学则殆。"意思是说，读书与思考是紧密联系、不可分开的。如果分开的话，就会两败俱伤，不是学之迷惑不解，就是思之岌岌可危，最终必会徒劳无益。这就是说，读书与思考是学习过程中密不可分的两个重要环节。光读书而不思考，就会迷惘无知，没有结果。可以说，思考是读书的灵魂，思考在学习中具有重大意义。

世界著名物理学家牛顿，一生都痴迷于创造性地读书和思考之中。据说有一天，他牵着马、扛着马鞍到山里去，一路上陷入了思考之中，时而比比画画，时而自言自语，等走上山坡，觉得有些累，才想起骑马。这时，他才发现手里只拿了一根缰绳，马儿早就无影无踪了。

有人问他取得杰出的发明创造，有什么"诀窍"。牛顿回答说："我只是对一些问题用了很长的时间去思索罢了。"

在读书过程中，一本一本地读而不留下思考的时间，碰到问题绕着走。这样，书虽读得多，却不会有什么收获。可见，不思考，就不能把书本上的知识变成自己有用的知识，不思考，就不会有新收获。

我国清末民初的著名学者章太炎，曾东渡日本，在那里开办国学，讲授文学知识。当时留日的鲁迅常去听他的课，每次听课，都认真做笔记。但他并不盲从，每次都认真思考，提出自己的见解。一次上课，章太炎指出"文学"与"学说"没有区别。鲁迅经过认真的思考后，认为两者应该有所区别。他结合实际引证作品分析比较，阐明自己的看法。当时大家都称赞他是"爱吾师尤爱真理"。

马克思在伦敦写作《资本论》时，一边读书，一边思考摘记，仅3年时间，就写了24本读书笔记。

古今中外的名人都是在读书中通过思考，把书本里的丰富知识变成了自己的精神财富。

那么，怎样去思考呢？首先要明确为什么思考，思考什么，也就是要明确思考的目的和方向。

有目的的思考容易发现问题，并能随时注意与思考有关的东西。所以，思考目的是思考过程中的主要环节。

动脑思考，要着眼于事物的关系和联系，这是思考的方向。

思考要掌握正确的概念并作出恰当的判断，进行合乎逻辑的推理。这样，才能掌握系统的知识。同时，要把思考引导到掌握知识结构之间的本质联系方面去，以便掌握知识的规律性。只有这样，才

> 光读书不善于思考是不行的，不思考便不会有新收获。
>
> ——姚雪垠（当代作家）

能了解事物内部的规律性，达到思考的目的。

要自觉培养独立思考的习惯，学会正确思考。用最合理的方法对知识进行分析、比较、归纳、综合，创造良好的思维习惯。

为使思路广阔、正确、清晰，我们应该以各个不同的方面和角度提出问题进行思考。思考一个问题时，要多读几遍，想到多种可能性，学会从多种思路中选出一种最合理的思路，并找出解决问题的途径和方法。明确思考的重点，抓住关键进行思考，就一定能培养出一个良好的思维习惯。

尽信书则不如无书
——质疑读书法

　　"尽信书则不如无书"是孟子说过的一句话。这里说的书，虽然指的是《书经》，但仍有着普通的指导意义。毛泽东常用孟子的这句话，告诉人们不要迷信书本，不要盲目读书，要善于发现问题。他每看完一本书或者一篇文章，总要提出自己的看法和理解。在他存世的大量读书批语中，提出许多新颖的见解。可以说，这与他采用"质疑读书法"不无关系。

　　在明代，有一个医生给病人诊完脉后，随手开了一个药方，其中有药引子"锡"。一个叫戴元礼的医生见了这个处方，感到怀疑，就问那个医生开处方的依据是什么。那个医生拿出一部医书，理直气壮地说："你拿去自己看吧。"戴元礼拿过书来一看，书上确实是这样写的。但是，为了弄清楚这个问题，还是翻阅了大量的医书。结果发现在另一版本上写的药引子是"饧"。那时，"饧"是糖的古体字。戴元礼终于弄清了这是翻版重印时的错误。由于戴元礼的质疑，避免了一次"医疗事故"。

　　这则故事使我们悟出了一个道理，凡事只有大胆质疑，才能取得进步。做事是这样，读书更是这样。

　　人类的进步，离开了书籍便不可想象。人不读书，就很难从愚昧和落后中解放出来。但在汗牛充栋的书海中，也还存在不少的坏书；在一些基本上是较好的书中，仍然夹杂着不太健康、不太正确的部分或观点。我们不能由于怕受欺骗而"因噎废食"，不去读书，更不能良莠不齐地统统接受，盲目"信书"。

这就需要我们在读书时运用"质疑读书法"。

"质疑读书法",是指在读书过程中,通过思考发现疑点,进而通过探索,分析,研究,解决这些疑点。因此,开动脑筋,善于提问,提出自己的不同观点是最基本的要求。

那么,"质疑读书法"对我们有哪些帮助呢?

● 首先,它对开发思路有帮助。现代科学研究证明,从人的神经功能上看,疑点会促使大脑出现高度兴奋状态,随之产生一种"优势灶",引起定向,也就是探研反射,从而使精神高度集中,保证最佳的读书效果。在这种状态下读书,能使你更加深刻地理解和掌握知识。可以说,疑问是开启未知王国宝库大门的钥匙。

● 其次,利用"质疑读书法",能打破知识旧框框的束缚,促进新的发明和创造。我国著名的地质学家李四光说过:"不怀疑不能见真理,所以我希望大家都采取怀疑的态度,不要为已成的学说压倒。"显然,质疑是读书中不可缺少的一种方法。质疑,能否定旧的传统观念;质疑,能产生新的科学理论。

质疑读书法,需要独立思考,提出自己的观点,进行质疑。阿伯拉尔说过:"由于怀疑,我们就验证,由于验证,我们就获得真理。"质疑读书法就是读书时要提出疑问,同时还要深入实践,通过实践解决疑问,产生新观点。也就是说,把书本上的疑点带入实践中,从实践中作出正确的判断。

我国明代医学家李时珍,在行医中,通读了明代之前的药物书籍。在读书过程中,对当时被奉为标准药典的《证类本草》产生了疑问。于是他用了 27 年时间,对该书和其他多种"本草"书中的中草药,详细分析,认真研究,遂条订正,对其中谬误和失讹的记载,进行了修改补订。最终写出了 52 卷医药巨著《本草纲目》。

试想,如果李时珍在披阅明代以前的各种"药物"著作时,凡书皆信,师古不变,不进行质疑,不在实践中加以考证、修订、完善,能有鸿篇巨著《本草纲目》问世并造福于子孙万代吗?

从上述举例可以看出,通过实践验正质疑,就可得出大家所信服的正确结论。当然，我们要掌握"质疑读书法"的原则，大胆使用"质疑读书法"，还要有足够的勇气和无所畏惧的精神。

公元前 6 世纪，古希腊的毕达哥拉斯学派认为，上帝只创造了整数和分数。但年轻的数学家希伯斯对此提出疑问。他在读书与实践的过程中提出了无理数的概念。由此可见，读书要提倡破除迷信，坚持真理，勇敢质疑的精神。对于质疑对象，则要反复推证，进行多方面的考察和研究，深入分析疑点产生的原因、背景及表现形式，透过现象揭示本质，还可以对别人的质疑进行反质疑。

当我们在学习生活中使用"质疑读书法"的时候，请记住培根的名言吧："如果一个人从肯定开始，必以疑问告终。如果他准备从疑问着手，则会以肯定结束。"

用善疑好问这把钥匙，去开启知识宝库的大门吧。

阅读理解，消化吸收
——同化读书法

在科学技术迅猛发展的今天，必须掌握大量的知识和信息，才能跟上时代的步伐。要掌握大量的知识和信息，自然离不开学习。学习就要读书，而阅读是读书的一个过程，在阅读过程中，对书中的思想内容仔细理解，反复琢磨，慢慢消化、吸收变成自己的思想观点。这种方法就是同化读书法。

同化读书法的宗旨是"阅读理解，消化吸收"。

同化读书法的目的是掌握全书的理论、精华及细节，直到把书本上的东西完全变成自己有用的东西。

同化读书法的优点是能够很好地消化吸收书本中的知识，尤其是书中的精华部分。实际上，同化读书法是精读法的一种。这种方法，早在古代就已有人使用。

据说在战国时期，有位高士隐居于鬼谷地方，自号"鬼谷子"。鬼谷子有个学生叫苏秦，是当时很有名气的外交家。他很崇拜鬼谷子的才华，便拜他为师，跟他学习治国用兵之法。苏秦学成拜别老师的那天，鬼谷子送他一本《阴符经》，并语重心长地说："这是一本专讲治国用兵的好书，你只读过一遍是不够的，还须再三精读，这对你今后的事业大有用处。"苏秦离别老师后，游说秦王失败，于是想起老师临别时的嘱咐，又把《阴符经》从头至尾认认真真地攻读了一年。

这次读书，苏秦所用的方法就是同化读书法。他对书中的内容仔细阅读，尤其对精彩之处，更是细细地琢磨，了解作者的思路，深入地理解书中的意思，不断地吸收和消化。最后真正地掌握了书中精髓，使"天下大势，如在掌中"。

后来苏秦奔波于列国之间游说，果然取得了成功。这就是历史上有名的"合纵抗秦"。

这个故事告诉我们：不管读什么书，只有阅读理解，吸收消化，才能悟出其中真谛，把书上的东西变成自己有用的东西。

同化读书法意在对所读的书要仔细地阅读，用心理解、精心品味，对书中的词、句、段都要进行深入地分析和思考。

对于词，既要弄懂它的表面意义，还要理解它的表达作用和感情色彩；对于句子，要了解其表达意思和深刻的含义；对于段，不仅能概括其大意，还要理解它在全文中的地位及自身结构。这样，就能

> 为学读书，须是耐烦，细意去领会，切不可粗心。
>
> ——朱熹（宋代学者）

归纳出全文的中心思想，清楚它的结构方式，了解作者的思路，达到最佳阅读的效果。

怎样才能达到这种效果呢？我们知道，阅读的关键在于理解，只有理解好，才能消化吸收。而理解的深浅决定于是否善于思考。

善于思考，是指读书时要边读边想，包括作者为什么要用这个题目、文章结构是否合理、作者为什么要这样写、它的优点是什么、有没有不足等等。

只要能够善于思考，边读边想，就会很好地运用分析、综合、归纳、抽象、概括等科学的思维方法，对所读的东西进行细致的剖析，最终达到最佳阅读理解的效果。

可以说，掌握了同化读书法，就找到了获取知识的重要途径。

好书不厌百回读
——循环读书法

古人有句名言："好书不厌百回读，熟读深思子自知。"这句名言告诉我们：一本好书只要不厌其烦、来回地读，就能读出书中最深奥最深刻的道理来。

许多书籍，尤其是经典，内容丰富，意义深邃，不是只读一遍便能理解的。别林斯基谈到果戈理的小说《死魂灵》时说："如同一切精深的创作一样，《死魂灵》不是在第一次阅读时就能完全了解的，第二次阅读它时，完全就像新的、从来没有看见过的著作一样。"像别林斯基这样一位杰出的文学评论家，阅读同代人的文艺名著，尚且有此感受，我们普通人在读书时，如果仅仅看一遍就束之高阁，又能从中得到多大教益呢？因此我们在阅读过程中要举一反三，多遍阅读，从而了解书中的真谛。

循环读书法是一种对一本书多次阅读的方法，适用于很多有价值的读物。循环读书法又分短期内循环和长期内循环两种。

短期内循环适用于读某一本书或某一篇文章时。因为书的内容较难理解，读一遍两遍不能完全明白。于是就像作战一样，正面进攻不行就侧面攻，从不同方位去进攻目标。精力集中，从而收到好的效果。

长期内循环多用于读名著，间隔一两年，甚至五年、十年，再去读同一本书，不仅勾起了记忆，克服了遗忘，而且由于生活经验与知识积累的增长，原来不懂的地方，这时弄懂了，原来认识肤浅的地方，这时深化了。

所以说，无论短期内循环还是长期内循环，都不仅是加深理解的方法，而且是突破难点的方法。每一次阅读，都要善于选择不同角度，好像钻探一样，四处打眼，寻找目标，可以从历史的发展来看，从而把一个整体切割成不同的小块从不同方面来认识；有时也需要把一次次循环后的认识进行连贯的思考，得出综合的理解，或者说是从宏观的角度来理解。读书原为自己受用，多读不能算是荣誉，少读也不能算是羞耻，少读如果彻底，必能养成深思熟虑的习惯，涵泳优游，以至于变化气质；多读如果不求甚解，虽驰骋千里，却空手而归。因此，读好书不应求多，而应求得彻底，只有反复循环地读，才能读到书中精深之处，最后变为自己的财富，受用不尽。

怎样才能把书读"精"呢？想要把书读"精"，必须循环反复地读，才能读出书中味，把握书中精华。可以说，"循环读书法"是把书读"精"的一个捷径。

我国古代学者因书籍难得，皓首穷年才能治一经，书虽读得少，读一部却就是一部，口诵心惟，嘴嚼得烂熟、透人身心，变成一种精神的原动力，一

> 学者观书，每见每知新意，则学进矣。
> ——张载（宋代学者）

生受用不尽。现在社会，书籍多得可以信手拈来，人们完全能够做到过目万卷，然而，"过目"的虽多，真正"留心"的却又有多少呢？

读书并不在多，最重要的是选得精，读得彻底，与其读十部无关轻重的书，不如以读十部的时间和精力去读一部真正值得读的书；与其十部书都泛览一遍，不如取一部书精读十遍。"好书不厌百回读，熟读深思子自知"，这两句古代的至理名言现今仍值得每个读书人作为自己的读书座右铭。

前后贯穿，出入自如
——出入读书法

当代著名学者邓拓，一贯主张要活读书不要死读书，更反对教条主义的读书方法。古人在很早以前也有这样的观点。

早在 12 世纪后半期，南宋人陈善在《扪虱新话》一书中就首先提出："读书须知出入法。始当求所以入，终当求所以出。见得亲切，此是'入书法'；用得透彻，此是'出书法'。盖不能入得书，则不知古人用心处；不能出得书，则又死在言下，惟知出知入，得尽读书之法也。"这一主张也就是邓拓所提的读书法。到了清代，著名学者惠周惕对这种读书方法又进行了深入阐述，他说："初读贵能入，既读贵能出。古人云'博闻强记'，又云'不守章句'，二者似乎相反而实相成。"这两种方法在应用上有阶段性，开始读一本书的内容，记住它的要点，不能够放下书本就忘得一干二净。在熟读以后，要善于思考，领会精神实质，消化书中的内容，把书上的死文字，变成自己的活知识。

在惠周惕看来，读书既要博闻强记，又要不守章句。只有经过博闻强记，牢牢记住书中的要点，才能进一步深入领会文章的深刻含义。这就是"能入"。否则，对文章的观点不甚明了，就不可能有新的体会和心得。

康熙三十四年（1695），惠周惕在给他的儿子惠士奇写的一封家信中，谈到了他主张的读书方法。他认为"能入"，就是要"博闻强记"，"博闻强记"就是指多学、多看、多记，用知识把头装满，即所谓的"初读能入"。"能出"就是"不守章法"，也是指进行思考和运用，不被书本的章节字句所约束，领会其精神实质，变为自己的活知识，既所谓的"既读能出"。惠周惕指导儿子用这种读书方法钻研儒家经典，学到许多真知，终于成为著名学者。

出入读书法，其实是古人一向主张的所谓"熟读精思"，"读书要有问"，就是指通过读书深究其义，发现问题，找出矛盾，做到"沉浸于中而超拔于外。"

毛泽东对于"入"书与"出"书的辩证关系做过精辟的论述："对于马克思主义的理论，要能够精通它，应用它，精通的目的全在于应用。"这里讲"精通"，指的就是"入"书，所讲的"应用"就是"出"书，也就是我们平时所讲的读活书、活读书。

读书有死读书和活读书两种。死读书能入而不能出，活读书既能入也能出。我国著名学者冯友兰说过："领会了书的精神实质就算读懂了。如果明其理，我就知胸中的意。我的意当然也是主观的，也可能不完全符合于客观的理。但我们可以把我的意同前人的意互相比较，互相纠正。这可能有一个比较正确的意。这个意是我的，我就可以用它来处理事务，解决问题。好像我用我自己的腿走路，只要我心里一想走，腿就自然而然地走了。读到这个程度才算把书读活了。"冯老在这里虽然没有直接提到入出书的问题，他的入书"领会前人意"，出书"有了我的意"，实际上是对入书和出书的最好诠释。

我们每个人在读书时，如能像陈善、惠周惕、李公朴讲的那样，既能"入"又能"出"，知其深意，又能理论联系实际，采取灵活的方法，从书中跳出来，那才是真正掌握了出入读书法了。

沙里淘金，掌握精髓
——去粗取精读书法

英国诗人柯勒律治非常形象地把读书方法比喻为四类：第一类，好像计时用的沙漏，注进去，漏出来，到头来一点痕迹也没有留下；第二类，好像海绵，什么都吸收，不会消化；第三类，好像滤豆浆的布袋，豆浆都流走了，只剩下豆渣；第四类，好像宝石矿工，把矿石挖出来，然后去粗取精，选出宝石为我所用。

这最后一种方法才是读书之正法。就像宋代学者朱熹所说："为学读书，须是耐烦细心体会，……今日学一重，又见得一重，明日又去一重，又见得一重。去尽皮，方见肉；去尽肉，方见骨；去尽骨，方见髓。"

著名物理学家爱因斯坦读专业书籍就是用的这种方法。他把这种读书方法称为"淘金法"。其实这种方法也是去粗取精法。就像沙里淘金一样，把有用的"金子"留起来，而将那些无用的"沙子"统统扔掉。

在从事物理学研究和创造时，爱因斯坦大量阅读了伽利略、牛顿等前辈物理学家的著作。这些著作已经历了几百年的历史，其中有些观点与19世纪物理学中的新发现产生了矛盾。于是爱因斯坦如淘金一般，抛弃了那些已经过时的东西，吸取了一些有益于自己从事的研究中的东西，建立起一整套自己的理论体系，创造了全世界瞩目的"相对论"，为人类作出巨大的贡献。

由此可以看出，"去粗取精读书法"对爱因斯坦在物理学领域中的成功起了举足轻重的作用。所以说，一个人在学习和工作中取得成功与他选择恰当的读书治学方法是分不开的。在无数的读书方法中，要善于运用；在长期的实践中总结或创造出最适合于自己的读书的方法，这是非常重要的。

作家吴强说："我看书有个习惯，那就是得到什么书都看，不好的，看看丢掉，觉得好的，就一看再看，这样可以接触到多种多样的知识。"其实这也是去粗取精法。

为什么在选书的时候也要去粗取精呢？

这是因为书海茫茫，而人的时间和精力却是有限的。因此，选择书很重要。如果不加选择，读的是一本没用的书，甚至是一本坏书，

> 在所阅读的书本中找出可以把自己引到深处的东西，并把其他的一切统统抛掉，就是抛掉使头脑负担过重和会把自己诱离到不良之处的一切。
>
> ——爱因斯坦（德裔美国科学家）

那就不只是浪费时间，有时还接受些错误的东西。到底读什么不读什么？这就用得着"去粗取精读书法"了。要在众多的书籍中，选取精华的书，抛弃那些糟粕，在沙里淘金，才能为读好书打下基础。

去粗取精读书法，就其性质而言，是运用内部语言对书中内容进行简缩的读书方法，有人给这种方法归纳为以下几类：

● 扫视法。把按字按词的阅读变为按行按段按页的扫视法。由慢而快，先按行速读，最后做到按页扫视。步骤是翻书扫视—合书回忆扫视所得—形成印象。若印象不深，再重复扫视。

● 搜捕法。在扩大视觉幅度的基础上要学会找目标，即文眼、段眼、句眼及自己所需要的某项内容。

● 联系法。文章的段意一般表现得较明确：领起句；收结句；中间的中心句。采用此法读书时，要留心这一特点，进行联系，比较分析，从而较准确地把握全段的大意。

● 借助法。借助文章注释、简介、副标题、小标题、序言、跋、提示等条件，较快较准地理解大意。

● 摘要法。通过扫视，迅速理出文章的要点，诸如题目，写作背景、文章要素、主要内容、写作特点等。

● 代替法。通过此法阅读，把段变为句，把句变为词。在阅读过程中，配合思索、分析、归纳，把握大意后进行提炼，使文章变为逻辑联系，高度概括的词。

● 取舍法。即带着明确的目的去扫视全书，取己所需，就像雷达追踪监测目标一般，敏锐地抓住文中精华，将其他舍去。

总之，去粗取精读书的目的要明确。在保证求知质量的前提下，逐步加快；要从实际出发，从读书要求和个人水平的实际出发；要注意通过做笔记、常复习、勤回忆等方式，不断巩固读书的效果。

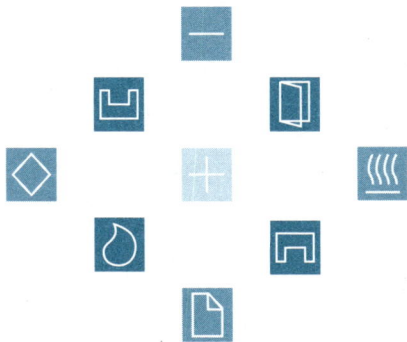

以求吃尽书中味
——三遍读书法

三遍读书法以当代知名作家王汶石最为典型。王汶石读文学名著，喜欢把一个作家的作品尽可能都找到，按发表的顺序看一遍，以获得较为深刻的印象。对于价值最高的代表作，他要来个"三遍读"：第一遍是通读，尽情地作艺术享受，让自己沉醉于其间，领略作品人物形象之美、语言技巧之美、意境之美。第二遍，边读边对作品进行分析解剖，搞"大拆卸"，像机枪手学习拆卸和装配一样，仔细考查每一个零件的性能、制作方法和它们的联系，学习作者的写作技巧。第三遍阅读又是系统通读，主要是获得写作技巧的完整印象。有时候，为了更详细地了解某种写作技巧，还需要同时浏览多种名著，看人家对文章结构或者是非曲直是怎样写的。回头再将文章全文综览一遍，巩固加深已有的印象。

通过三遍读，对文学名著的理解逐步加深了——按语言或者按表现手法，或者按艺术形象等作分类研读，看情节是怎样安排的，语言是怎样运用的，人物、场面、情感是怎样表达的……在第一遍知其美的基础上，深入探寻了其所以美的道理。

许多有识之士都认为，所谓三遍其实是多遍的意思。虽然人的理解能力、研究目标各有不同，但读一遍只能达到一遍的目的，而真正读懂、弄通则需要几遍才能完成。中国有句古话，叫做"书读百遍，其义自见"，就是说书要多读才能读懂，其实，读书不容易，把书读懂更不容易。只有多读，才能更深刻地了解书中真正的内涵。每本书都匆匆忙忙地读一遍，就读另一本，不求甚解，读了等于白读，过眼烟云，最后一无所得。

现代作家梁斌，也采用三遍读书法。他早年读书时，就想将来当个作家。所以他读了大量郭沫若、鲁迅等中国新文学作家的作品，读了《水浒传》《红楼梦》《儒林外史》等名著和部分外国作家的著作，甚至于如醉如痴地将《复活》连读三遍，深刻地理解了作者写这本书的含义，对自己的文学创作也大有好处，受益匪浅。

另外，读书要有毅力。不能这一本读三遍，另一本就读两遍，要坚持长久，特别是对那些名著和好的文学作品更应该多读几遍，才能收到好的效果，否则，只有几本读得很透彻，其他都一带而过，那样就收效甚微。

著名作家臧克家说："我读古人书浓圈密点，旁注，十分认真，一字一句也不放过，以求吃尽书中味，对作者的感情、思想、所处时代环境以及艺术表现特点，都要求大体了解。我对他们的作品并不盲

> 读书，第一遍可先读个大概，第二遍、第三遍可逐步加以体会。
> ——苏步青（当代数学家）

目歌颂，有的为之击节，万遍常新；有的则以为平常，并不为我佩服。我欣赏的东西，特别是诗词之类，全凭两点：一是长期的生活经验；另一点是五十年的创作实践，用这两点去体会，去验证。这两点看似平常，得来却都不容易。"

总而言之，掌握和运用三遍读书法，其要旨就在于层层深入，由粗读到细读，由粗知到理解，由浅知到深刻体会，由消化到掌握。当然，在具体读书中，并不一定拘泥于三遍的限制。这个三遍读书的步骤和程序，仅仅是一个可供参考的路子和方法。

中国谚语说得好："井掏三遍吃好水。"读书也一样，书读三遍知其"味"。

由易到难，逐步推进
——层级读书法

大凡书本知识的内在逻辑都是由浅薄到高深，由简单到复杂，由点到面的逐步发展开的。纵观古今中外的成功者，他们读书都经历了逐步渐进的过程。这就是本文要阐述的层级读书法。

运用层级读书法，最重要的就是从基础知识读起，把学好的基础知识当做打好地基、建筑大厦的第一步，然后才能一层层、一步步，最后筑起知识的大厦。宋代学者朱熹曾说过："未得乎前，则不敢求其后；未通乎此，则不敢志其彼。"可见，从基础做起在读书学习中是多么的重要啊！

另外，美国哲学家阿德勒对层级读书法有更系统的论述。他把读书分为四个层次：初级阅读、检视阅读、分析阅读、综合阅读。

一、初级阅读

初级阅读是基本的阅读或开端的阅读。读者仅仅能提出的问题是：这个句子是说什么的？

二、检视阅读

检视阅读即在指定时间内，以求从书本上得到最大的收获。其特点是读者必须在规定的时间内完成阅读的步骤。检视阅读包含两种不同的方式，即略读和预读。一本书到手，由于时间限制只能采取略读或预读。略读和预读主要目的是要知道该书是否有精读的必要。其具体方法是：

● 要注意导言，从副标题中找出作者特别强调的重点及目的。

● 要从目录中了解书的结构，并对该书的范围获取初步的印象。

● 要找出几个重要论点所在，仔细阅读。完成上述步骤后，便知道这本书是否应该精读了。

三、分析阅读

分析阅读就是全盘、完整地阅读，一般不受时间的限制。分析阅读有以下几个要素：

● 确定你要读的是哪一类书。

● 能够使用一个或几个简单的句子或小段文句来叙述整本书的内容。

● 说明书的主要部分，并解释作者如何依次将它们完整地组合起来。

● 找出作者所要讨论的问题。

● 找出作品中的重要字眼，并了解作者使用它的方法。

● 找出重要的词句及所含的命题，继而用自己的话来叙述，促进知识的消化和理解。

● 从书中找出有关作者论点的段落，从一个段落中找出论点，从各个段落中找出重要的句子，直到将所包含与论点有关的一连串句子组合起来为止。

● 找出作者的解答。

● 批判性地吸收作品，必须提出你评价的理由。

四、综合阅读

综合阅读指在一段时间内阅读较多的彼此内容相关、讨论的主题相近的书籍和文章的阅读方法。综合阅读并不是单指内容上的比较，读者还必须根据主题建立一套分析的理论。因此，综合阅读是一种最积极的阅读，也是一种最费心的阅读。综合阅读有两个主要的阶段：

● 准备阶段。根据目录、专家的建议以及作品中的参考文献，提出一套适合自己的阅读主题的暂时性的参考书目。浏览这份暂时性的书目上的所有书籍，找出最贴近主题的作品。

● 正式的综合阅读阶段。浏览第一阶段收集的相关作品，寻找相关的章节；建立一套能注释这类大多数作品的适当名词；提出一套适度的问题；划分各种主要与次要的争论，将正面与反面的意见分门别类地加以组织与整理；按顺序分析不同的问题与争论，将主题理出头绪。

上述四个阅读层级是层层相因的，并且高层级包含低层级。一般来说，有很多好书值得分析阅读和综合阅读，但大多数书只需要检视

> 学习和研究好比爬梯子，要一步步地往上爬。企图一下子登四五步平地登天，就必然会摔跤。
>
> ——华罗庚（当代数学家）

阅读，因为一个人的精力和时间毕竟有限。所以，不管是从理论还是实践，都说明了任何事情，任何事物都得从简到繁，从低到高，从基础开始，按照"逐步推进"的方法去读。"九尺高台，起于垒土"，"合抱之木，出于毫末"，"千里之行，始于足下"，做各种工作都是如此，读书求知，更不例外。

读书，千万要牢记"万丈高楼平地起"，"欲速则不达"。

熟读唐诗三百首，不会作诗也会吟
——背诵读书法

　　大家也许还记得郭沫若创作的著名历史剧《蔡文姬》吧！观众无不为剧中主人公蔡文姬坎坷的人生经历所感慨，同时也无不叹服于她在《悲愤诗》、《胡笳十八拍》等传世名作中所展示出的才华。蔡文姬在文学上取得的成就除了与她颠沛流离的身世有关外，很大程度上得益于她好读书、喜背诵的学习方法。

　　蔡文姬从匈奴返汉后，有一次，曹操问她："听说夫人家中先前有许多古书，不知还记得否？"蔡文姬回答说："从前父亲在世时曾赐给我四千多卷书，由于战乱，这些书都失散了。我现在所能记诵的，只有四百多篇。"曹操非常高兴，说："请夫人口授，叫人记录下来。"蔡文姬说："不用了，就请伯父授纸笔于我，我回去写出来就是了。"过了一段时间，文姬果然将默写的四百多篇文章呈给了曹操。

　　据史料记载，文姬自幼刻苦读书，她曾反复背诵过千卷以上的书，正是这种反复背诵的方法使她终身受益，成为我国历史上著名的才女。

　　由此可见，青少年时期有选择、有重点地背诵一些作品，是非常重要的。尤其对一些古典文学中的名篇佳句，更应通过背诵达到呼之即出的程度。

　　一听到"背诵"二字，很多人会立刻皱起眉头，想到"死记硬背"，认为这是一个老生常谈的话题，或者是在鼓吹一种早已过时的，甚至应当受到极力反对的读书方法。其实不然。

无论是我国古代对儿童进行启蒙教育的方法，还是几十年前话务员熟记几千个电话号码的方法，

> 旧书不厌百回读，熟读深思子自知。
> ——苏轼（宋代文学家）

以及我们日常学习工作中对知识的汲取，可以说，没有任何一种记忆的好方法是可以完全脱离开背诵的。

捷克教育家夸美纽斯说："记忆不应该得到休息，因为没有一种能力比它更易动作，更能由动作得到发展。"背诵是记忆的基本的必用手段。背诵的好处有三点：

● 帮助我们记住，也就是"熟"。

● 帮助我们加深理解，从而更牢固地记住，也就是"巧"。

● 调动我们的大脑积极性，让它经常处于工作状态，也就是"动"。

要提高背诵的效率，应注意以下几点：

● 对背诵要有明确的目的意识，要在主观上注意调动自己的兴趣和意志，使大脑始终处于"激活"的兴奋状态。

● 要注意在理解的基础上背诵，生吞活剥、死记硬背只能事倍功半。

● 在条件允许的时候，要通过出声朗读的办法加强记忆。

● 要掌握记忆规律，合理安排背诵时间和适时加强学习。

青年人记忆力好，平时学习工作中注意留心背些东西，日积月累，就能达到"胸藏万汇凭吞吐，笔有千钧任歙张"的境界。

泛读篇

让眼球与大脑同步前进
——"板块"读书法

　　世上人们读书的速度和效率的差异是惊人的。同样是一本十几万字的书，有的人一夜之间就把它看完了，并且能提纲挈领地掌握其主要内容、中心思想。而有的人读了三五天，甚至十天半个月也没看完。按道理后者花的时间多，学到的知识也应该多而牢。其实不然，慢腾腾看书的人，不一定都能读深学透。有人曾对大学生作过实验调查，发现那些迫切想知道书中内容的读者，比起那些从容不迫，按部就班的读者来，对书的内容理解得更深，记得更牢。

　　在当今知识经济的时代，如果还是以 50 年前甚至 100 年前的速度，即每分钟 15–200 个词的速度读书，已经无法跟上时代前进的步伐，无法满足对大量知识信息的需求。因此，要求人们必须加快阅读速度，采用一种既节省时间，又讲究效益的最佳方法，这种方法就是"板块"读书法。

　　所谓"板块"读书法，是指把一个词组、一个句子、一段文字、一页文字，甚至一个章节视为一个小整体——"板块"，在阅读时，把这个小整体"板块"作为视读单位，有意识地略过不必要阅读部分的一种快速阅读法。

　　自古以来，运用"板块"读书法的大有人在。《后汉书》赞张衡"一览便知"，传说他骑马看道旁的碑文，马不停蹄，便能记下来。《梁书》称简文帝"读书十行俱下"。《北齐书》赞王孝渝"读书敏速，十行俱下"……

能"一目十行"者何止古人，许多近代中外名人都是其中的佼佼者。据说，列宁甚至能"一目半页"、"一目一页"地读，并能准确掌握所读的一切。鲁迅先生一生看过几万册的书，他读书也是常采用"跳跃式"，即跳字、跳行、跳段、跳页地读。

实践证明，"板块"读书法是一种行之有效的快读法。那么，掌握此种方法的关键是什么呢？回答这个问题，必须首先了解阅读的原理和过程。

现代阅读心理学告诉我们：阅读，是人们的眼睛和大脑对文学材料的感知和接受，其过程不仅表现在眼球的移动，而且涉及知觉的广度。阅读时，人的眼球并非连续不断地移动，而是忽动忽停地跳动。辨认文字不是在眼动时，而是在眼球不动的瞬间，这瞬间叫"眼停"。每次眼停所注视的对象叫视读单位。眼球是按眼停—扫描—眼停……的方式连续不断地运动的。我们所说的"一目"，其实就是一次

> 阅读的艺术，就是怎样适当地略过不必要阅读的部分。
>
> ——哈默顿（英国数学家）

"眼停"，所谈的"十行"，即"板块"就是一个较大的视读单位。阅读能力不同的人，视读单位也不同。此外，阅读时眼球不仅做向前的"正移动"，有时因意义不明或未看清楚还得做向后的"负移动"。显然，"负移动"的次数越多，读书的速度就越慢。

可见，速读的关键和奥妙就在于眼停时抓住的字数多，扫瞄的次数少，"负移动"的频率低。反之，速度就慢，效率就低。

现代阅读心理学还告诉我们：在阅读的过程中，视觉和思维并非同步并行的。视觉接收文字信号的速度远远低于思维速度，即大脑往往是跑在眼球的前面，它在阅读过程中总是以概念为单位展开，眼睛只要看到一个词或一个句子里的几个关键词，大脑便能迅速而准确地判断并辨别出词和句子的含义。这是因为每个读者的脑中总

是储存着一定的有关词、词组、句子以及它们之间的逻辑关系的知识。这样看到前面一个字，就可预知下面一个字，见到上句，就可预知下句。当接受新事物时，许多相关的内容脑中已有印象无须再记的，或不甚重要的，就可以忽略跳跃过去。

于是，我们得出这样的结论：掌握"板块"读书法的关键是必须加大视觉捕获的信息容量，使阅读与思维同步，减少大脑的"空转"。而加大视觉捕获的信息容量，即扩大视觉范围，将"板块"作为视读单位的关键是要学会从一个词组中抓住中心词，从一句话中抓住关键词，从一个段落中抓住段意，从一篇文章中抓住标题与中心，从一本书中抓住提要与目录。这样就可忽略相对不重要的部分。扩大"板块"容量。

那么，怎样运用"板块"读书法呢？

一、要高度集中注意力

注意力是外界信息进入大脑的"大门"，精神集中的程度和控制注意力的能力是快速阅读的标志。列宁的读书速度为什么那样快？他的夫人克鲁普斯卡娅揭开了谜底。她说："当他阅读时，精神非常集中，所以阅读很快。"善于排除一切来自外界和内心的干扰，聚精会神地读书，是快速阅读的先决条件。注意力不集中，很难成功地运用"板块"读书法。

二、要因人而异，灵活掌握

每个人的文化水准不同，理解、接受、记忆的能力也不尽相同。基础好的，知识面广的人，可以扩大"板块"的容量，加快阅读速度。反之，就要缩小"板块"的容量，放慢阅读速度，特别是动用"板块"

读书法的人，更应该有一个从少到多，由慢到快的循序渐进的过程。

三、要因目的而异，决定取舍

提高阅读速度，是为了捕捉更多有效的信息，哪些知识信息应该捕捉，哪些知识信息可以忽略，这完全取决于阅读者的目的和需求。

四、为更好运用"板块"读书法，必须提倡视读、默读，不宜口读，更不要大声朗读

特别是学习外语，用视读的效果最佳。有人曾分别用视读、默读和朗读方法快速阅读一篇外语短文，结果所用时间依次是40秒、60秒、80秒。心理学实验材料证明，阅书的速度比读书的速度快10—100倍。

"板块"读书法节约的是时间，追求的是效率。所以，运用"板块"读书法要注意质和量的统一，千万不要图表面上的虚假数量，尽可能做到好中求快，快中求好。

最机灵的捕鱼人总是开大网，最优秀的射手总是一箭中的，最高明的雕刻家总是把石头多余的部分恰到好处地凿掉。

读书破万卷，下笔如有神
——博览读书法

中国有句俗话"蜂采百花酿甜蜜，人读群书明真理"，讲的就是要博览群书。

博览群书是古今中外许多卓有成就的学者、专家的一个共同特点，例如，三国时期的政治家诸葛亮，唐代大诗人杜甫，诺贝尔奖获得者格拉索等，都是博览群书、学识渊博的人。他们不但善于从社会生活中获得各种知识，而且善于从大量的书籍中获得知识。

那么，为什么要博览群书？它的意义何在呢？我们说，世界上的事物是复杂的，要想深入探索客观的奥秘，就需要具备多方面的知识，随着社会和科学技术的进步，各门学科之间的联系日益紧密，对客观世界的认识也日益深入，如果作茧自缚，把自己局限于一个狭小的范围内，那就难以具有开阔的视野，也难以做出突出的成绩。同时，不广泛地吸收人类文明文化的优秀成果，也难以在原有的基础上推陈出新、继承和发展。

例如，我国东汉杰出的思想家、哲学家王充所著的《论衡》一书，就是他博览群书，以十余年的精力而写成的。再如，伟大的革命导师马克思，为了写作《资本论》，阅读了大量的书籍，初步统计约一千四百余种，引用了近数十个学科，约数百个学者的观点。

博览读书法包含两层意思：一是广博泛览，二是专精攻读。

有诗云，"万绿丛中一点红"。这里，不妨借喻来，把读书的广博泛览比做万绿之丛，把专精攻读看成一点之红。如果进而把"万绿"比为茂密的树叶，那么，没有绿叶就育不出红花；没有红花，绿叶也是徒有其茂、空具其绿。因此，读书必须把广博泛览与专精攻读的范围和内容选择好，结合巧，不能只泛览而不精读，也不能"精读于一而漏万"。同时，又不能该"泛览"的书偏"精读"，应"精读"的书又"泛览"，使泛览和精读的范围颠倒或模棱两可。这样，就叫做"学不善法"，引出的结果，就是"事倍功半"。

广博泛览和专精攻读是对立的统一，两者是互相渗透、相辅相成的。古语说："不通百经不能治一经，不通一经不能治百经。"唯有博，才能功力于专；唯有专，才能融会于博。精通一门，可以"闻一以知十"，为博学奠定基础；广博泛览，又可以帮助我们对某一学科精通。从这一点看，精通的学科又是博学的结晶。博离开了精，就会转化为另一种要不得的东西——"杂"；精离开了博，也会转化为另一种要不得的东西——"陋"。"广博"是"精专"的基础，"精专"又能反作用于"广博"。

丹麦有句名谚说得好："聪明人接触各种知识，但他是从精通一门来认识世界的。"这段寓意深刻的谚语告诉我们：仅靠广泛地接触各类知识，仅靠"广博"地浏览各种书籍，并不是我们读书的目的，

> 读书无嗜好，就不能尽其多，不先泛览群书，则会无所适从或失之偏好。广然后深，博然后精。
> ——鲁迅（现代文学家）

我们要通过读书去认识世界，改造世界，必须在"广博"的同时，努力"精专"一门，"由博返约"才能学到真正的知识。才能建立起较为理想的"知识大厦"。

在这方面，鲁迅先生为我们做出了典范。

鲁迅一生博览群书，除政治理论、文艺作品外，还广泛涉猎了

自然科学、社会学、文物考古、美学，甚至佛学方面的书籍。并形成了富有特色的博览群书读书方法。其读书方法的要点有五：

一、泛览。鲁迅提倡"博采众家取其所长，不要专看一个人的作品"，"必须如蜜蜂一样，采过许多花，这才能酿出蜜来，倘若叮在一处，所得就非常有限，枯燥了"。

二、硬看。对较难懂的必读书，硬着头皮读下去，直到读懂钻透为止。若遇到暂时弄不懂的地方，则采取跳读，联系上文以至全文来"硬看"，直至理解。

三、专精。鲁迅提倡以"泛览"为基础，"然后抉择而入于自己所爱的较专的一门或几门"，深入地研究下去。否则，会成为"杂耍"，读书虽多，但一事无成。

四、活读。鲁迅主张读书要独立思考，注重观察并重视实践。他指出，读死书是害己，一开口就害人。他说："专读书也有弊病，所以必须和社会接触，使所读的书活起来。"

五、参读。鲁迅读书不但读选本，还参读作者传记、专集，以便了解其所处的时代和地位，由此深化对作品的理解。他说："我总以为倘要论文，最好是顾及全篇，并且顾及作者的全人，以及他所处的社会状态，这才较为确凿。"

泰山不辞抔土泥丸而能巍峨屹立，长江不弃涓涓细流才成浩瀚汪洋。广泛阅览，多方吸收，方能臻于博大精深。

走马观花，一目十行
——浏览读书法

在读书的问题上，每人的方式和方法不尽相同。或许你会发现，有些书是匆匆翻了一遍就放过去了；有些书虽然细细读过，但读完就了事；有些书只需读读开头，就不再去理会；而有些书则经过多次的反复阅读，甚至做下了读书笔记。

读书方式虽然多种多样，但是，如果进行归类，实质上只属两种：一是观其大意，知其概略即可的"浏览"方式；一是认真寻究，取其要领的"详读"方式。

这两种读书方式，就时间来说，前一种可以节省些，后一种要花的多一点；就效果来说，前一种要差一些，而后一种则好得多。但是，不论是"浏览"还是详读，都十分重要，因为它们是提高读书效率的相辅相成的对立统一形式，都应予以足够的重视。

浏览，就是说，在读一本书之初，先概括地审察一遍。这个阶段特别着重看书的序、前言、内容提要、目录、正文中的大小标题、图、表、照片，以及注释、参考文献和索引这些附加部分，以便对全书有一个总的直觉印象。这不仅可获得对全书框架的大体了解，还可以把自己原先已掌握的有关知识与经验调动起来，为进一步阅读和研究打下良好的基础。

古今中外，凡学识渊博，大有成就的名人、学者，无一不是把"浏览"和"详读"有机结合起来的典范。

鲁迅在博览群书时有一个习惯，叫做随便翻翻，也就是轻松地浏览一般的报刊杂志，有时从一本书里选一篇或几篇文章读读，有时甚至只看看目录。

也许有人会问，这样读书能有收获吗？其实，浏览并非"随便翻翻"的代名词，而是一种很有价值的读书方法。

书海漫漫，如果每本书都一丝不苟地读一遍，一则时间不允许，二则有些书报也无认真研读的必要。所以，对一般的参考性书籍、资料性书籍和消遣性书报，

> 我阅读关于我所不懂的题目之书籍时，所用的方法，是先求得该题目的肤表的见解，先浏览许多页和许多章，然后才从头重新读起，以求获得精密的知识。
> ——狄慈根（德国作家、哲学家）

只需要随便地"浏览"一下即可，这样既省时间，而且效率又高。

浏览是泛读，鲁迅强调要把泛读和精读结合起来，使两者相辅相成。要在浏览的基础上，根据自己的基础和爱好，尽可能结合工作和专业，选择一种或几种专业书籍作系统的精深的钻研，持之以恒，使自己的知识向着全面系统的方向发展。

那么浏览读书法的要求和目的是什么呢？

第一，是为"详读"作准备的。因为在"详读"某一本书之前，首先需了解一下这本书的主要内容及章节安排，摸一下底，做到心中有数，以便在"详读"时有个重点，进行深入的钻研。从这个意义讲，"浏览"是为"精读"打基础的。

第二，对一部书是否有必要去"详读"，浏览一遍，再作决定。从这个意义上讲，"浏览"是为"详读"做好选择，进行"投石问路"。

第三，"浏览"是为了开阔视野，丰富知识，争取在短期内用少量的时间尽可能地多读一些书。

> 第四，"浏览"也含有在"详读"之后调剂一下大脑的作用。这样既可解除疲劳，又可不浪费时间。

浏览的速度是很快的，大有"一目十行"之势。据一些人统计，一般人读书的速度，平均为每秒钟 7 个字，读三十分钟是 12600 字，也就是大约 15 页书。浏览则要比这种速度快得多，三十分钟就可读完一大本书。"浏览"与"详读"的要求不完全相同，但也决不意味着可以马马虎虎，不加思索地"走马观花"。

每种读书方法，都有自己的特征，"浏览读书法"的特征有十：

- 浏览是一种信息查寻的艺术。
- 浏览是一种信息查寻的过程。
- 浏览帮助建立咨询的习惯。
- 它是一种理性探索的发展和手段。
- 它创作一种不曾被认识的环境。
- 它把读者推向一种未曾想过和分析的直接经历。
- 它作为一种必要的工具，对读者自己的研究和工作具有启迪作用。
- 它能使想法"变成"思想。
- 它造成信息过程中一种联系的意识。
- 它是无选择性的。

浏览是获取有用信息的补充手段。正像任何真正的信息探索，浏览作为学习过程的进化产物是一种极好的弥补信息断层的心力锻炼。

千山万水有真知
——万里行读书法

　　"读万卷书，行万里路"，这是古人所提倡的。闭门读书，是一种间接经验的学习，走出书斋、课堂，面向社会，是一种直接经验的学习。北宋的教育家胡瑗十分注重实地考察，他说："学者只守一乡，则滞于一曲，隘吝卑陋，必游于四方，尽见人情物志，南北风俗，山川气象，以广其闻见。"他多次带领学生游历名山大川，进行实地考察，开阔了学生的视野，增长了知识和才干。

　　在当代，青年学生利用假期或业余时间，根据当时当地的条件，出外旅游，饱览风景名胜，瞻仰圣地古迹，对于开拓视野，积累经验，也是生动直观的一课。因此"万里行"也是一种读书之法，这与古人所讲的"读无字之书"的道理是一致的。

　　古今中外的贤人志士，都在成功的荧光屏上，显示出旅游功能的鲜明印记。例如，明代的徐霞客，几度离家出游，51岁时，又游历了湖北等6个省，后来写成《徐霞客游记》一书。英国的经济学家亚当·斯密，曾经辞去教职，旅行欧洲大陆，考察各国的政治制度。归国以后，他便专门从事经济学研究，写出令世界瞩目的《原富》一书。徐悲鸿的学生宗其香画路很宽，这与他的阅历和创作经验有关，但也和他热爱大自然密不可分。从西南的雄峻山水到江南的秀丽风光，从桂林奇峰、漓江澄流，到街巷幽景，从人物百态到草木花鸟等，他都兴致勃勃地将其倾注笔端，融入画面。

采取"万里行"的读书方法，所读的书是无字之书，是复杂的令人眼花缭乱的山水风景、社会生活之书。因此，在采取这种方法时，要注意以下三点：

> 大自然所表现出来的智慧，真是形形色色，变化多端。为了了解它，我们必须联合我们大家的知识和努力才行。
> ——拉普拉斯（法国天文学家）

一、要有明确的目的。这就是说，不要把"万里行"看做游山玩水，而是读书学习的一种方式。青年朋友只要能从这个目的出发，有针对性地去观察大自然的各种事物，形成具体的形象，就能将其变成自己有用的知识。

二、要虚心请教。在"万里行"过程中，你会处处见到各种各样的新鲜事物，尤其是对文物古迹，民俗风情，不可能一见就会了然于心。而所有这些，也许正是你所要学习、研究和考察的，这就要求我们必须向当地人请教，要虚心学习，不耻下问。

三、要不怕艰难困苦。"万里行"每一步都是要付出相当的勇气和一定代价的。

青年朋友，在祖国富绕美丽的 960 万平方公里的土地上，处处有名山秀水风景如画，有中华民族的悠久历史，有享誉世界的文物古迹，你们不妨利用假期，走出家门、走出校园，跋山涉水，是会有所收益的。

不叫一日闲过
——"日课"读书法

据《耆旧续闻》记载：有一天，苏东坡的一个好友朱司农去拜访他。书童告诉朱司农，先生正在书房看书做"日课"。朱司农不便打扰，就在外屋等候。他等了很久，苏东坡才从书房出来，对朱司农说："适了些日课，失于探知，愧谢久候之意"。朱司农问："适来先生所谓日课者何？"苏东坡回答说："抄《汉书》。"

那么，苏东坡说的"日课"是什么呢？所谓"日课"，就像在校的学生必须完成每日的功课一样。看来"日课"读书法，是苏东坡常年坚持的读书方法。

古今中外，许多名人学者，大都采用"日课"读书法，进行治学，最终成为大学问家或获得巨大成就的人。

明末清初的顾炎武，从10岁开始读《资治通鉴》，此书3500卷，可谓卷帙浩繁。顾炎武为了能读完它，给自己规定了一天之内定要读完若干卷的"日课"，否则就不能上床休息。最终他以3年的时间就把《资治通鉴》通读了一遍。

苏联领袖斯大林日理万机，但仍坚持每天看书学习。有一次，几位苏联红军将领到斯大林的住宅，只见办公桌上堆着印刷厂刚送来的一大堆书。便问："你有时间看这些书吗？"斯大林微微一笑回答说："我也许还是这样忙，但是，无论如何，我每天一定要读500页书，这是我的定额。"500页！别说是国事繁忙的领袖，就是一个学者，也未必能读完。将军们个个投以敬佩的目光。

"日课"读书法，重要的是定量、定时和有恒。

定量，就是说，要根据自己工作、身体以及学习等具体情况来确定，量不宜过大，不要贪多，不要因为过量读书而影响工作。

定时，就是说，在制定读书计划时，用什么时间读书，是早上，还是晚睡前，或者其他什么时间，要根据自身的实际来确定，因人而宜，总之，要选择最佳的读书时间。

有恒，在"日课"读书法中是最最重要的，如果没有持之以恒的决心和毅力，没有读书的韧性，随意性很大，那么，是不会有什么收获的。

日有所读，月有所累，年有所获。

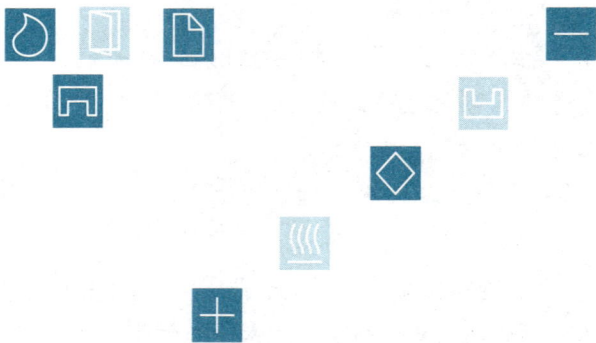

普遍联系，触类旁通
——滚雪球读书法

俄国作家车尔尼雪夫斯基还是在孩提时代，由于生长在"千里冰封，万里雪飘"的北国，每当冬季来临、纷纷扬扬的雪花如飞絮般飘落的时候，小伙伴们欢呼着、雀跃着，不约而同地跑到屋外。在这银装素裹的世界里，心中完全忘记了对严冬寒冷的恐惧，争相用通红的小手团起一个个雪团，再将众多的雪团捏合在一起，变成一个较大的雪团，大家齐心合力，开始在洁白的雪地上一点点地滚雪球……

孩童们用小手团起的雪团起初确实很小，但经过在雪地上坚持不懈的推滚，竟然积聚成了体积相当大的雪球，最后变成了一个活灵活现的雪人！

科学家贾兰坡曾形象地比喻："搞学问就像滚雪球，越滚越大，不滚就化。"当读一本书时，如果按照兴趣点或欲望点的不断延伸，去阅读与这本书内容有关的另外一本书；再由这另外的一本书扩展到其他的几本书，就能像滚雪球一样，让自己的知识之"球"越滚越大。这样一来，便逐渐扩大了自己的知识面，增加某一学科相关知识在自己头脑中的积累。我们权且比照贾兰坡的说法，把这种读书方法形象地称为"滚雪球读书法"。

比如，阅读我国古典名著《红楼梦》时，当读到"金鸳鸯三宣牙牌令"那一回，要想进一步弄清古人饮酒行令的事，便去找《中国烹饪史略》来读；读到《中国烹饪史略》中我国的酒具各具风味时，再去找有关我国民俗方面的书来读。这种读书法往往是几本书放在一起读，寻根溯源，取己所需。这么一扩展，不仅欣赏了《红楼梦》，同时，有关"酒"知识的"雪球"就越滚越大了。

意大利科学家伽利略说过："人的认识是无限的，对于人的认识，任何界限都是不存在的。"使用"滚雪球读书法"来读书，实际上就是

> 知识之球愈大，则其与未知界接触之面也愈大。
> ——丹皮尔（英国学者）

突破了各学科之间的人为界限，让读书者完全按照自己的意愿和兴趣来读书，充分发挥了人类认识上的能动性。

"滚雪球读书法"尤其适合青年人读书学习。因为青年时代在人的知识层次上，正是打基础的时候。在这个时期，知识面宜广而不宜窄，兴趣宜泛不宜专。应该广泛涉猎，什么天文地理、物理化学、写作外语、历史生物等等，样样要学，绝不能单科独进。

由于"滚雪球读书法"是以一本书为中心，尽量阅读有关的资料，向与其相关的知识面扩展的一种方法，因此，使用这种方法，既扩大了读书者的知识面，又围绕着一定的中心，使所涉猎的大量知识成为一个有着内在联系的知识体系，也使这种读书行为不至于成为一种漫无目的的"滥读"。

富于幻想、兴趣广泛、好奇心强、求知欲强，是读书者使用"滚雪球读书法"的一个必要的先决条件。爱因斯坦因为兴趣广泛，不仅在物理学上对人类有突出贡献，还是个不错的小提琴手；爱迪生因为好奇心强，成为一个在各方面都卓有成就的发明家；杨振宁因为求知欲强，摘取了诺贝尔奖的桂冠……

兴趣、好奇心和求知欲会驱使读书者去追寻一个个"为什么"的答案，无形之中就将知识的"雪球"越滚越大了。试想，如果一

个读书者对其所读书之外的一切知识统统都不感兴趣，他怎么能愿意去"滚"知识的"雪球"呢？又怎么能获得丰富的知识呢？

另外，使用"滚雪球读书法"也应注意如下问题。

> 首先，不能钻牛角尖。就好比我们只需要知道1加1等于2，而不需要去论证为什么1加1等于2一样，使用"滚雪球读书法"的目的是为了开阔眼界，扩展知识面，而不是针对某一项尖端学科或某一个艰深的问题纠缠不休，非要弄个水落石出。

> 其次，要把握住知识"雪球"的度。就像儿时滚雪球一样，雪球太大，是无法堆成雪人的。知识的"雪球"应该不断地滚下去，但决不能毫无界限地任意膨胀。

俗话说得好："智慧是穿不破的衣裳，知识是挖不完的宝藏；书中有取不尽的滋养，学者有永不竭的智囊。"如果我们不断地将知识的"雪球"滚下去，并且不断地开辟新的读书"战场"，去积累新的知识"雪球"，那么，几个"雪球"汇聚在一起，就形成了较为广博的知识体系。

将触角伸向临近的知识领域
——渗透读书法

有一回，一位搞哲学的同志到著名经济学家王亚南家拜访。走进书房，发现书架上排列着不少外国古典文学名著，案头上还放了一本夹着纸条的《莎士比亚戏剧选集》。他便好奇地问："您看那么多的外国小说干吗？"王亚南饶有风趣地说："借用你们搞哲学的一句行话，叫'互相渗透'。我喜欢看外国小说，正是为了搞文科的'互相渗透'呀！"

王亚南认为，搞学问不能单打一。他以马克思的博学多才为例说："《资本论》是一座庞大的知识宝库，不仅有经济学理论，还包含了丰富的哲学、历史和文学的知识呢。马克思对古希腊神话及后来莎士比亚等人的著作非常熟悉，他准确自如地引用其中的典故来表述自己的经济学观点，把非常枯燥的经济问题谈得饶有兴味。而且通过引用小说所描绘的内容，可以从不同侧面了解当时的社会背景，从而认识资本主义的剥削本质。如果对追杀恶魔的西波亚斯或被人骂为水獭的瞿克莱夫人一无所知，连臭名远扬的夏洛克也不知是何许人也，要想完全啃动《资本论》，是比较困难的。"

王亚南所用的读书方法就是"渗透读书法"。渗透读书法是一种扩大精读效果的阅读方法。读者把精读的文章或书籍作为出发点，然后向四面八方发展，如同阳光的辐射，雨水、空气的渗透一般，由精读一本书、一篇文章带读了多本书、多篇文章，从而有效地扩大了自己的知识面。

知识是互相联系的。现代科学发展的一个重要特点，就是出现了各门科学相互渗透的趋向。任何人要想在本专业上研究出成果来，都必须了解其他领域的最新动向，借鉴和学习其他领域的知识。相互渗透、互相辐射地读书。

对于渗透读书法，现代著名文学家和翻译家曹靖华也讲过这样的体会，他说自己在研究某一个问题的时候，往往要看好几种参考书，甲涉及到乙，乙涉及到丙，丙涉及到丁，那情景就像儿时入山采葛藤，眼前常常是枝条蔓延，互相纠结，甚至牵一葛藤而半山俱动。但是正是在这种追根溯源、愈探愈奇的求知过程中，知识丰富了，

> 科学工作者应当成为这样的人：他们每人都是自己领域中的专家，但是每人对他的邻近的领域都有十分正确和熟练的知识。
> ——维纳（美国科学家）

感到颇有兴味。这样的治学态度实在令人钦佩！在他的《春城飞花》散文集中，那一篇篇优美闪亮、别具风味的珍珠之作，就是他广博的知识之花的结晶。

当年孔子教儿子学诗，认为可以多识鱼虫鸟兽之名，就是因为他深知渗透读书可以扩大知识之乐。确实，在我国古代诗词中，由于大多数诗是通过形象来反映现实的，从历史、地理到风俗、世情等一切知识，诗歌都可以从不同的侧面反映到。所以读诗可以得到旁通各门学科之乐。

而在当今的信息社会中，没有一本书或一种学问是游离于科学体系之外而独立存在的，总是与其他学科或多或少地有着联系。因此，渗透读书法是我们应当掌握的读书方法。大量的相关性书籍完全可以联系起来阅读，以便加深我们对知识的理解和扩大知识面。

采用渗透读书方法，要注意如下四点：

第一，要确定精读的内容，拟出读书计划。虽然渗透读书法反对"按部就班"，但无论使用哪种读书方法都必须有计划，有次序，不能心血来潮，任意行事。

第二，要会查找目录索引，善于利用图书资料，以便有目的地寻找有关书籍，辐射、渗透出去。

第三，要牢记阅读中心。读书时注意学科的渗透固然重要，但绝对不可因注重渗透而脱离了读书的中心，使读书行为变成漫无边际的信马游缰，不知所踪，最终迷失读书的主攻方向。

第四，在使用渗透读书法时也要讲求积累。带读其他书时，虽然是为了解决某一问题，但是如果能顺便把带读的书略读一下，了解全书的面貌，既积累了知识，有利于今后的发展，又能较准确地理解某一问题，不至于断章取义。

　　总而言之，现代科学发展的特点之一，是学科既高度分化，又高度综合化。一方面，学科的划分越来越细，另一方面，各种不同学科之间的相互关联和相互渗透又越来越明显。因此，一个生活在当代的人，他不仅要懂得自己的专业，而且要具备其他学科知识。这就是我们所说的"通才"。美国人杜拉克在《有效的管理者》一书中给通才下了一个定义："所谓'通才'，应该也是一位专家；是一位能将其所专的小领域与其他广大知识领域联系的专家。"

　　雨雪潜移默化地渗透到地下，最终汇成了浩浩荡荡的暗河。百花齐放，姹紫嫣红才构成了绚丽多彩的世界。

博采众长，竭泽而渔
——拉网读书法

古人读书，求博、求精，先博而后精。因为广阅博览乃是知识大厦赖以高耸的基石。杜甫说"读书破万卷，下笔如有神"，顾炎武说"学博而识精，理到而辞达"。他们几乎穷尽有史以来的一切主要遗著，经过博采众长、集思广益，然后由博返约、触类旁通，"汇百家之说而成一学"。从而在学术上较之于前人有所裨益、有所创新、有所突破，形成一个新的历史里程碑。

当我们今天读书时，一定要像采矿和进食那样，以多路思维构成一张大"网"，做到一矿多金、一餐多养、多层次、多角度、多侧面地"破卷取神"。这样的读书方法可以叫做"拉网读书法"，也可称为全方位扫描读书法或竭泽而渔读书法。

为了便于深入探索，人们从理论和形式上，将知识分类加以研究。实际上，知识本身是一个庞大的系统，它就像一张巨大的鱼网，环环相扣，交错纠结，密不可分。在这个系统内部，各门科学都在互相渗透着：宇宙星系，自然环境，人类社会，科学研究等等，它们本身构成了一个和谐的不可分割的大网。

根据这种规律，读书也要运用"拉网读书法"，撒开大网，努力"网罗"、搜集更多的知识。只有这样，才能与纷繁复杂的社会及知识系统相适应。

英国作家狄更斯幼年时代家境贫穷，先做学徒工，后来当缮写员，还做过新闻记者，一生写了二十几部小说。为了搜集素材，他去工场与童工闲聊，筛选第一手资料加以储备。

他还经常到马戏场和游艺园去闲逛，借以观察那些形形色色的场面和千奇百怪的言行。他还曾到监狱去同即将行刑的囚犯聊天，趁机观察处死犯人的情景，以备将来有机会把这些死囚的心理写入小说里去。

狄更斯还时常徘徊在伦敦街头，如果看到某人很有特征，他就像职业侦探一样，兴致勃勃地追踪几条街巷，以观察他们的神情举动。他也常到一些下等公寓或者咖啡馆里，静静地站在一旁，观察、谛听、琢磨目睹的情景，感受那种微妙的气氛，然后把这些见闻一一地记在本子上。有时候，他故意巧妙地站到一些高谈阔论或者轻声低语的人们的背后，悄悄地记下那些富有个性的语言或者典型的情态。狄更斯对街市上孤高的建筑物，时常凝视默想，记下自己对这些无字书刊的感觉。

在这里，狄更斯的知识积累方式，是随意性的，是一种奠基性的知识积累模式。他使用"拉网法"，就像捕鱼拉网一样，并未在事先给

> 学问，是一张鱼网，一个结一个结，结出了捕鱼的工具。
> ——三毛（当代作家）

自己规定一个题目，既不是为了解疑才漂入生活的激流，也不是为了达到某种明确的目的而殚精竭虑。然而，虽然他所读的是无字书，但同样达到了"拉网读书"、"竭泽而渔"的效果。

以上方法是针对没有明确读书目的而言的。如果我们读书时没有什么具体明确的目的，在书山面前无从下手，倒不如就像狄更斯一样，面对浩瀚的知识海洋先撒拦河网捕鱼，网着什么就是什么。被网着的东西，也许眼下看来并没有什么用处，但这些积累的知识就宛若补鞋匠收存的那些边角革料一样，反正迟早都用得着。

其实，读书本身就是一个知识积累的过程。在事事都有机会成本的情况下，多读书、读好书仍然是最值得提倡的。读书不仅没有机会

成本，而且还替你节省了支出、增加了知识。即使因为你读了十个小时的好书，使你少赚了十个小时的钱，那么你仍然可以告慰自己：读好书是一项长期的投资，短期收入的减少仍然是值得的。连不一定懂机会成本的先人们，不也早就提醒我们"书中自有黄金屋"吗！

如此说来，有了明确的读书目的，是否还要采用"拉网读书法"呢？答案是肯定的，但具体方法却要与上述"撒大网，任意捞，捕着什么算什么"有所不同。当你阅读一本书或要了解一个知识体系时，一般应该采取以下几个步骤：

第一步，"水情勘察"。调查一下"水"中是否有"鱼"，大致有多少"鱼"。就是通过全方位扫描的浏览或通读，了解全书或整个知识体系的概貌，以便从中发现有哪几方面是自己所感兴趣的内容。

第二步，"拉网捕鱼"。力求把大大小小的"鱼"都拉出来，乃至"竭泽而渔"。与此同时，要下一番"去伪存真"的工夫，把那些陈旧的、错误的或者有害的东西滤除掉，筛选出至今仍然有意义、有价值的东西，进行标记或摘录。

第三步，"分档拣选"。积累知识，应当分门别类，眉清目秀，切不可各式各样的衣服料子都胡乱地堆在一起。在这一步里，应该把各种捕捞上来的"鱼"按品种进行分类。再下一番"去粗取精"的工夫，择其要者和精者，写出心得笔记。

第四步，"发挥创新"。经过咀嚼、消化和吸收，把它化为自己的营养。还要下一番"由此及彼、由表及里"的工夫，从继承过程转入创造过程。

应该注意的是，采用这种拉网读书法时需要具备两个条件：客观上，所读之书必须是广博精深之作；主观上，必须具有广泛的兴趣和网状的知识结构。知今又知古，才能做到以今测古，以古鉴今。

当然，拉网读书法虽是一种有效的读书方法，但也只是众多读书方法大花园里的一朵小花。不应把它当做"放之四海而皆准"的"万应灵药"，尤其是在书不胜读的今天。

积土成山，风雨兴焉
——积累读书法

在读书治学过程中，积累资料是十分必要的。从某种意义上来讲，不懂得资料的积累，就不懂得治学之道。因为任何一种知识，都是人们通过在实践中对资料的积累再进行分析、综合后才得到的。假如没有资料的积累，也就不会有深入透彻的分析和对客观世界的全面综合，也就不会有新的知识创新和创造了。所以，积累在日常生活、工作学习中尤其重要。

积累知识的重要，古今皆有所论。老子在《道德经》中说过："九层之台，起于垒土，千里之行，始于足下。"荀子在《劝学篇》中讲得更为具体："不积跬步，无以至千里，不积小流，无以成江海。"先人们的至理名言生动地说明了积少成多、积小成大的道理，强调了知识积累的重要。

"无滴水不成河，无粒米不成箩"。有人计算，1斤芝麻，竟有45000粒。芝麻虽小，微乎其微，可是如果没有这一粒粒的积累，又怎么能组成两和斤呢？又怎么聚成担和吨呢？俗话说："知识好比池中水，日旬月年常积累。"知识的点滴积累，开始的时候可能显得微不足道，可当积累到一定程度时，就会由量变到质变。正如鲁迅先生所说："无论什么事，如果继续收集材料，积之十年，总可成学者。"

教育家徐特立43岁去法国勤工俭学时才开始学习外语。当时有人说他年纪大了，学好法语不容易。但徐特立却信心百倍地说："我今年43岁了，1天学1个字，1年可积365个字，

7 年就可学习积累 2550 字，到了 50 岁时，岂不就是一个通法语的人了吗？"果然，经 5 年时间的学习积累，徐特立就能够阅读法文书籍了。这不仅反映了他持之以恒的毅力，同时也证明了"积碎石而成山"，"汇细流而成川"的道理。

据说元末明初文学家陶宗仪在做农活休息的时候，也不忘读书、写作。他读书

> 古今中外有学问的人，有成就的人，总是十分注意积累。知识是积累起来的，经验也是积累起来的，我们对什么事都不应该像"过眼烟云"。
> ——邓拓（当代历史学家）

时想到什么或者是见到什么有价值的东西，就随手记在树叶上，回家后储存在一个瓦罐中。十几年后竟然积累了十几罐。后来他对罐中所积累的文字进行整理，汇集成三十多卷的《南村辍耕录》，为后世留下了不朽的篇章。

点滴积累虽然微不足道，但事业的成功不正是靠我们在平时学习和实践中一点一滴积累而获得的吗！所以，从这个意义上来说，成功的起点正是读书过程中的积累，积累是通往成功的必由之路。

在使用积累读书法时，要注意以下两点：

首先，要有明确的目标和方向。知识的海洋浩瀚无边，如果没有一定的目标，漫无边际的漂游积累，东一锤子，西一榔头，费力不小却收效甚微。而有了目标，就使积累变得有计划，就能选择"积"什么，"累"什么。同时还应注意要从自己的实际情况和需要出发，确定积累的目标。只有这样才能在较短的时间内掌握较多的知识，才能避免门门松、门门扔，半途而废的现象。

其次，知识的积累要持之以恒，坚持不懈，吃苦耐劳。使用积累读书法，要像蜜蜂那样辛勤地吮取积累。不仅如此，在积累的过程中还要做到三勤——眼勤、手勤、脑勤，养成随时随地日积月累的好习惯。

　　总之，知识水平的提高，离不开科学有效的积累读书法。相信点点滴滴的知识一定会实现"积土成山，风雨兴焉"，并伴随着你走向成功之路。

　　积累的知识越丰富，思路越宽广，观点也越明确。

研读篇

精深的知识点，广博的知识面
——点面读书法

"点"的读书法，实际上是读书的第一阶段。根据学习的需要确定一个大致的攻读方向，以此为前提，广泛地阅读与之相关的书籍。目的在于积累知识，以求对攻读的对象有一个总体的、粗略的印象。

"面"的读书法，是以"点"读书为目标的进一步扫荡拓展范围阶段。就是在对某一学科充分了解，把握了其大致脉络的情况下，再学习与之密切联系的邻近学科的知识。

可见，广泛的阅读博览可形成知识的"面"，专业的深度探索读书可形成学科的"点"。二者有机结合就能达到"以点带面、以少胜多"的目的。那么，如何才能做到"既有广博的知识基础，又能掌握专业的知识"、"既浏览了文章大意，又能知晓其精华所在"？

广博与精深是知识大厦的两块重要基石。它们之间有其矛盾对立的一面，也有和谐的一面。两者相辅相成，缺一不可。知识渊博而没有专精，很容易流于"杂"。同样地，有一门精通的学问而没有广博的知识面，又很容易流于"陋"。

可以说，广博并非是读书的目的。"博"虽然有益，但出现问题时，不能给人针对性强的、有效完整的帮助。传说中有一种鼯鼠，它会飞、会缘、会游、会穴、会走。但是，它飞翔却飞不过屋顶；攀缘而爬不到树梢；游水却游不过河；打洞又不能藏身；奔跑还不及人跑得快。鼯鼠会五种本领，却没有一种技艺精湛得足以护其身、保其命。所以在弱肉强食的生物链中，它最终丧生于黄鼠狼之口而遭受灭顶之灾，也就不足为奇了。

由此可知，读书钻研学问既要有广博的知识面，也要有其专业的深度。翻开近现代史册，不难发现，在那样一个外侮内忧、举国动荡的恶劣治学环境下，却尽出学术上堪称泰斗且博古通今学贯中西、既博又专的大读书人。有革命、治学两收获的孙中山，有一代学术"托命"人，有专史学的陈寅恪，有学界静狮、文苑代雄王国维，有"脚踏东西文化，一笺宇宙华章"的大文学家林语堂等人。他们不仅在"面"上的涉猎知识渊博，在各自的领域更是达到了前所未有的深度。

虽说广博与精深有其相矛盾、相牵制的一面，但是从陈寅恪、王国维等人所达到的"面"的"广博"与"点"的"精深"的自然融合中，人们不

> 一切学科你都要知道一些，但是有些学科你要知道其中的一切。
> ——季米里亚捷夫（苏联自然科学家）

难得到一种良好的借鉴与鼓励。

人的生命是有限的，而知识的海洋却是浩瀚无垠的。所以，从这个意义上看，无论任何人，其知识的广博是相对的，即是以研究方向或研究目的为中心，以自身的努力与天分、勤勉为动力的"面"的拓展。因此，这个知识的"面"可大可小，面大可谓博览，面小可谓寡闻。

实际上，知识的"面"可以依个人的情况拓宽、加大到"无限大"，钱钟书可算是此类奇人。钱先生博学多能，兼通数国外语，学贯中西，在文学创作和学术研究两方面均成绩卓越。看一看钱钟书用古文写的《谈艺录》《管锥编》即令人叹为观止。从先秦到近代，经史子集无不贯通。他的文言文汪洋恣肆，仪态万方，不论散文骈文、诗词曲赋，还是小说戏曲、俚语谣谚，他全能招之即来，奔凑笔端，

遣词造句，隶事用典，简直如风行水上，自然成文。而其译成多国文字在国外出版的《围城》却是地地道道的白话文。他笔下的白话文，清如水，明如镜，绝少沾染西洋味、古董气与学究气，挥洒自如而又耐人寻味。尤其是《围城》，几乎成为幽默文学语言的范本。

钱钟书另一个非凡之处是他的博学。早在清华读书之初，他便立志要"横扫清华图书馆"，后来也做到了。以致当时，有一次有人要他帮忙开三本英文禁书的书目，他不加思索洋洋洒洒地开出了两张纸的书目，还包括作者姓名与内容特征，令人瞠目结舌。钱先生在清华求学阶段阅读获取知识就已这般广泛，可以想见，其后更是如何地广泛博取。正因如此，看到夏志清称他为"当代第一博学鸿儒"，舒展称其为"文化昆仑"，任何人也不会感到言过其实了。

可以看出，钱钟书的渊博是通过其以文学为方向、贯通中外的广泛博览而成就的。亦不难看出，钱钟书的博学广闻给其文学创作提供了最有效的奠基，就是说，钱钟书的博学赋予了其作品（如《围城》《管锥编》）无与伦比的魅力。

明代思想家王廷相说过："君子之学，博于外尤贵精与内。"强调的是，既要博又要专精。然而，知识面的"博"与研究点的"专"究竟是怎样一种辩证关系呢？

正如人们所知，知识是触类旁通的。博览是精深的前提，即为研究点的深度发展提供了更加广阔的天空。研究点的精深是学习的目标、博览的指导。一般说来，"面"上的知识的获取要以主攻方向的周围放展开来，没有研究点为指导的广博很容易陷于盲目。一言以蔽之，广博是精深的基础，精深是广博的方向。

初学要广，入门要深；知识面要博，钻研点要深。

勤能补拙，水滴石穿
——硬啃猛攻读书法

俗话说，"冰冻三尺，非一日之寒"。一门知识乃至一种学说的掌握理解，如同人与人相遇、相识、相知需要很长时间一样，通常都是需要一个过程的。初看一本经典的学术书或接触一门新学科时，它不是可以一下子理解明白的，这时就需要你有水滴石穿的精神，抓住问题不放，用心去攻读，即识别出不易理解、完全不懂的东西，反复去揣摩或查看有关书籍、工具书等，直到弄明白弄通透为止。这就是硬啃猛攻读书法。

谢觉哉晚年有病，还经常在病床上坚持看书。他说："一个人身子下了班，脑子可不能下班。" 1967 年，他还写了一首日记诗《攻书》："读书如垦地，斩棘铲不平。读书如积城，坑道要打通。剩勇追穷寇，寸土在必争。痛打落水狗，不使逃再生。排除其糟粕，缴获其精英。如斯读书者，方可为之攻。"

谢老还曾说过，1936 年的时候，有一次听毛泽东说，学习要"攻书"，把书本上最艰难的东西当做敌人的堡垒，坚决攻下来。谢老亦指出，所谓"攻书"，就是读书要用心，把弄不懂的地方，识别出来，明白它为什么不对。如果读书采取走马观花的态度，书中的好东西是学不到的。

鲁迅在给曹白的信中，介绍了一种"硬看"读书法："学外国文须每日不放下，记生字和文法是不够的，要硬看。比如一本书，拿来硬看，一面翻生字，记文法；到看完，自然不大懂，便放下，再看别的。数月或半年之后，再看前一本，一定比第一次懂得多。"

这种"硬看"法，不仅适用于学外语，也适用于学习深奥难懂但又必须精读的经典著作。各门学科都有难"啃"的书，如果是属于非"啃"不可的必读书，就要依靠毅力、钻劲，依靠工具书、参考书，硬着头皮读下去，直到读懂钻通为止。

也许，你看到一些成名的学者、专家博闻强记，讲起艰涩难懂的书中内容也是招之即来、侃侃而谈，相形之下，会觉得"硬啃猛攻读书法"太老旧、太缓慢，实在是一个"笨拙"的方法。其实，那些学者、专家学成之前，何尝不是发挥出异于常人的钻研精神，付

善读书者，曰攻曰扫。攻则直透重围，扫则了无一物。

——郑板桥（清代画家）

出了坚持不懈的努力来攻读这些书籍的！

原北京师范大学校长王梓坤认为，读书有略读、阅读与攻读之分。工作之余，看看小说，翻翻画刊，属于略读。一般的书籍、报纸和杂志，内容浅显易懂，又未必事关紧要，看一两遍就够，这是阅读。至于攻读，那就是另一回事了。"攻"，常常表现为难点、难题、不容易理解的道理。攻坚之法，一在于钻研，二在于坚持。长期围困而且炮火猛烈，何愁攻城不下？何愁击石不开？

因此，青年朋友读书，千万不要急功近利，希望有什么一步登天的捷径。只要老老实实、脚踏实地地刻苦攻读，相信，水滴石穿、铁杵成针的传说在你的身上也能成为现实。

"勤能补拙，水滴石穿"的"硬啃猛攻读书法"对打基础的读书人来说，何尝不是最务实、最朴素的读书道理。

取百家之长，走自己的路
——创造读书法

俄国著名的教育家乌申斯基说过："书籍对人类原有很大意义……但，书籍不仅对那些不会读书的人毫无用处，就是对那些机械地读完书却不会从死的文字中引出活的思想的人，也是无用的。"

俄国剧作家克里雅日宁曾经把读书分为三种：一种是读而不懂；另一种是既读又懂；还有一种是能读懂书上没有的东西。读而不懂，不如不读。既读又懂，只懂得书本上的知识，也是不够的；只有通过读书本上的知识再经过综合分析，创造出自己的东西，这才是读书的最高境界，也就是创造读书法。

大多数人读书仅仅满足于只了解书本上的知识，把自己变成一座储存知识的"仓库"，而没有把读书作为提高主观世界、改造客观世界的创造过程。

那么，如何掌握创造读书方法呢？最重要的一点就是培养自己的创造力。

首先，必须处理好继承和创造的关系

创造并不是凭空想象，它是在继承前人知识的基础上得来的。知识积累得越多，就越容易发现其中合理与不合理的成分。从而产生创造的想法。

其次，要克服自卑、自怯的情绪，珍视自己的独立见解

创造力是每个人都有的，千万不要轻视自己的独到见解。尽管有时它可能很虚幻。

再次，要有打破传统，敢于向权威挑战的勇气

科学上新理论的产生，无不都是对旧传统理论的否定，因而，没有打破传统，向权威挑战的勇气是不能坚持到底并获得最后胜利的。

最后，要分清创造和模仿

创造是能提出新见解，解决前人不曾解决过的问题，或者解决问题是运用别人不曾用过的捷径。而模仿却是照着现成的样子去模拟或仿制。所以说，模仿决不是创造。

要想熟练地掌握创造读书法，当然还需要很多条件，如好奇心、远大的抱负、对图书的浓厚兴趣、善于思考等。这些都不是我们一朝一夕就能具备的，它需要我们不断在读书的实践中摸索和总结。

> 从书中阅读别人的思想，只是捡他人的智慧或残渣而已。
> ——叔本华（德国哲学家）

如果书使我们不能、不敢去创造，那就失去了读书的意义。

精诚所至，金石为开
——单打一读书法

"单打一"是我们常说的一句俗语，意思是集中力量做一件事或只接触某一方面的事物，而不管其他方面。其实，这句普通的俗语还是一个很好的读书方法。

很多人读书时都可能有过这样的坏习惯，看书一遇到困难，就不想再读了，于是，又拿起另一本，遇到难题时又放下，结果没有一本书能读深读透，弄得一知半解，知识残缺不全。

著名科学家陈念贻也有过同样的经验。他年轻时为了报考大学，决定突击自修英语。这个主攻目标确定后，他就将房间里其他书籍都封存起来，只剩下英文书一种，整天手不释卷，捧着英文书啃读，使自己完全进入英文的"境界"中，不受其他书的任何干扰。第一天，他只记住了8个单词，到第二天早晨复习时发现已忘掉了3个。第二天仍然没有记住几个。但他毫不气馁，继续埋头攻读，坚持了一个星期之后，开始掌握了英文记忆的规律，一天能记住二十多个单词。一个月后每天能记五十余个，两个月掌握了四五千个单词，基本能阅读英文版的《读者文摘》了。

陈念贻不仅"单打一"地读英文书，而且还套用小的"单打一"——在掌握了一定数量的单词后，他又用了一个星期的时间，专攻英文语法和英文写作练习。接着，又专门用了一段时间强行背诵了500句英语范文。结果，他总共只用了3个月的时间，就基本把英文攻下来了，并能用英文写出漂亮的文章。

此后，陈念贻又用这种读书方法，攻下德、法、日、俄四门外语，还攻克了代数、三角和解析几何等难关。

这样，每一个时期集中学一门，每一门里有精读重点书，便给进一步深入研究打下基础，为知识的系统化创造了条件。

青年工人张隆溪，经过多年的刻苦自学，以优异的成绩考上北大英国文学研究生，毕业后在外国文学研究领域中成绩显著。张隆溪在读书时，曾碰到一个问题：从建立知识结构的需要看，学习重点不止一个。那么，是在同一个时期左右开弓、四面开花好呢，还是一个时期一个中心，各个击破更好？

经过反复尝试、比较，张隆溪采取了抓住中心，逐个击破的单打一的方法。比如，他在一个时期里集中读西方文学史，就把有关各种书籍尽可能借到，进行比较、挑选。从中选出有价值的书进行精读。

> 书富如海，百货皆有。人之精力，不能兼收尽取，但得其所求者尔。故愿学者每次作一意求之。
>
> ——苏轼（宋代文学家）

在阅读中碰到要进一步了解的新问题，就再去选一些书，由此步步深入。"单打一"读书方法，多半应用于应急性质的读书学习。譬如，在期中、期末考试接近或者某一学科学得较差的情况下，可以适当地应用。其最大效能就是有利于单科积累，保持知识的系统性和连贯性。但是，我们并不提倡任何学科都运用"单打一"的读书方法。

兵法讲究集中优势兵力打歼灭战。单打一读书方法也是这个道理，就是集中精力打一次图书的"歼灭战"。

储存、比较、批判
——三步读书法

在现实生活中，常常看到这样的现象：在同样的学习时间环境中，甚至在同一老师的指导、阅读同样书籍的条件下，不同的人却有不同的收获，有的人学到知识，增长才干，促进了工作；有的人却一无所获，或收效甚微，根本谈不上对工作有所裨益。原因是十分明显的，前者掌握了科学的读书方法，后者却正相反。

古往今来，众多名人、学者在读书、治学的过程中，创造了许许多多的读书方法，至今还值得我们学习和借鉴。

18 世纪法国著名的资产阶级启蒙思想家、文学家、哲学家和教育家卢梭，一生写下了《忏悔录》《爱弥尔》等不朽著作，他是怎样读书的呢？他把自己的读书过程总结为三个步骤：储存—比较—批判，经过这样三个步骤，卢梭既能全面掌握每本书的思想，又能站出来给予正确的评价，这就使他获取知识具有主动性、批判性和创造性。

一、储存

储存，即广泛阅读。你先完全接受所读的每本书的观点，不掺入自己的观点，也不和作者争论，主要目的是积累知识。

古今中外有学问的人、有成就的人，总是十分注意积累的。

对什么事都不应该像过眼烟云，要从无到有，从少到多，一点一滴地积累起来。

著名历史学家吴晗知识渊博，学贯中西，为后世留下了多种史学著作。他有一条重要的治学经验：亲手做读书卡片。一生中亲自动手积累的卡片达几万张。

以上事实说明，任何一门学问的研究，任何一种成就的取得，都需要有广泛的资料积累。这也是三步读书法的第一步，只有通过这第一步，即掌握了大量的知识，才能进入第二步，对储存的知识加以分析和比较。

二、比较

比较，即比较从书中学到的知识，用理智的天平仔细衡量各种书的不同观点。把论述同一问题的书都找出来，看哪本书论述新颖、独到、准确、全面、深刻、生动、有说服力。通过比较，可以博采众家之长，集大成于一身，从而取得真才实学。

> 蜜蜂，辛勤地盘旋在知识的百花丛中，择其芳香浓郁的花朵，一点点地吮吸，一点点地积累，然后，经过自己的咀嚼，消化，来它个去粗取精，去伪存真，最后酿成浓香醇甜、营养丰富的蜂蜜。
>
> ——郁达夫（现代作家）

有一个美国学者，长期研究日本社会，他把日本报刊上有关风俗民情的资料剪下来，积累成卡片，进行分析比较，由此而出版了一本《菊与刀》，真实地描述了日本社会生活，轰动一时。这本书一度成为美国政府对日政策的参考书之一。

比较的优点是不同的作者对同一问题的论述有深有浅，通过比较，有助于我们加深对这一问题的理解。同时，不同作者对同一问题的论述的方法也不可能完全一样，通过比较，还可以集思广益，避免片面化、简单化。有些作品由于作者的局限，难免有这样那样的疏忽和失误，通过比较，可以发现问题、明辨是非、扬长避短。各类书的文笔有优劣之分，资料有详简之别，水平有高低之异，通过比较阅读，可以采其所长，为我所用，避其所短，少走弯路。

三、批判

批判，即找出书中的谬误并加以批判，从而只吸收书中的精华，吸取对自己有用的、有益的知识，抛弃那些无益的东西。马克思主义的诞生，正是马克思和恩格斯在对黑格尔、费尔巴哈、李嘉图、欧文、傅立叶、圣西门等的学说进行批判的研究的基础上付出了呕心沥血的劳动之后创立的。

掌握批判的方法，就是理论联系实际。一方面，在读书时，要善于分析和综合，克服盲目性，提倡独创性，把书读活，用探索的精神去读书。另一方面，通过批判，把认识推到一个崭新的境界，才是读书学习的目的。

经过这样三个步骤，你既能全面掌握每本书的思想，又能"采其精华"、"正其谬误"，使之"是非有归"，从而为你今后的学习和深入的研究打下一个坚实的基础。

储存大量的知识，善于反复地比较，去伪存真地批判，掌握三步读书法，你将成为博学多才之士。

围绕自己所瞄准的问题读书
——目标读书法

明确读书的具体目的，往往直接关系到读书的成效。

有的人读书无具体目的，也没有具体要求，东翻翻西翻翻，没有紧迫感、没有压力，收获自然甚微。有了明确目的，就有紧迫感，思想集中，积极思维，收获自然显著。

古往今来，有不少人主张有目的地读书。因为，人的精力不仅是有限的，而且一个人一生中所能达到或实现的目标也是有限的，因此，只有把有限的精力集中到一个目标上，才能易于取得成就，这与放大镜聚光点火的道理相同，只有把分散的阳光集中起来，才能燃起熊熊的火焰。

苏东坡曾经说过："书富如海，百货皆有。人之精力，不能兼收尽取，但得所欲求者尔。故愿学者每次作一意求之。"这里的"一意求之"，就是要有一个明确的目的。围绕着自己所瞄准的问题读书。

苏联著名教育家苏霍姆林斯基善于瞄准教育领域人们所普遍关心的问题，追踪它的来龙去脉，潜心研究探索其中的规律。他每天都围绕这些问题读书，孜孜不倦地读教育学、心理学、教育史以及各种教育方法专著，写了大量有创见的论文。他的著述被誉为"学校的百科全书"。

他还经常告诫他的学生们说："你的周围有一个浩瀚的书刊的海洋，要非常严格慎重地选择阅读的书籍和杂志。求知旺盛的人总是想博览一切，然而这是做不到的。要善于限制阅读范围，从中排除那些可能会破坏学习制度的书刊。"可见，只有明确目标，才能在较短的时间内掌握较多的知识。

当然，为了达到目标，必须有内在力量去实现。这种力量就是追求。追求的目标有大有小。大目标是在没有明显外在压力的情况下，由于自己的内心要求，如理想、求知欲、审美情趣等而产生的读书动机，属"内在的力量"。当你从内心里意识到读书学习是自己本身的需要时，就会爆发出无穷的"内动力"，就会毫无顾忌地全身心地投入。

我国古代学者历来主张"自得"、"自勉"、"乐为"等具有内心要求的阅读。如果缺少这种内在力量，目标就无法实现。而这种内在力量应该是为着某一目的而产生，没有这一目的，这种力量既不能自觉，也不能持久。

小目标是在外部压力下形成的阅读愿望，如为

> 漫无目标，无书不读的人，他们的知识很难是非常精湛的。
> ——柯南道尔（英国作家）

考试、为竞赛、为逃避人们的责罚等而读书。具体的、切近的目标是最能激励我们奋力前进的直接动力。一个具体的小目标的实现，也最能坚定实现自我大目标的信心。列宁说过："要向大目标走去，就得从小目标开始。"

当你通过努力，实现了很多小目标以后，你的大目标也就实现了。我们也可以把大目标分成许多小目标，靠日积月累，不可操之过急。小目标的实现有利于激发自己的兴趣与热情。比如说，你要在一个月内记熟 300 个英语单词，可以安排每天记熟 10 个。这样把大目标分解成若干小目标以后，每天小目标就不难实现了。只要天天努力坚持下去，一个月以后，你的大目标自然就实现了。

这就好比盖房子，要从地基开始，一砖一砖往上砌，一层一层向上发展，基础如果打得不牢，房子迟早有倒塌的危险。读书学习

也是同样的道理，围绕自己所瞄准的问题，选择一些较浅显的书来读。由浅到深，由简单到复杂，一步一步地进行。不能用囫囵吞枣的方法，把自己所瞄准的目标范围的书一下都读完。也不可只读皮毛，不入骨髓，只解大意，不求规律；应该向书籍里钻，钻得越深，获得的知识就越丰富。读书要深钻，才能把书读透，融会贯通，把学过的知识融入到脑子里。

每次读书后，还要反复思考，把前面的读懂、记住、掌握，然后再往下读。这样才能击中目标，捕捉到自己所需要的东西，打下坚实的基础。应绕过与目标无关的内容和章节，直接瞄准与目标有关的实际内容的书来读，这样就会取得事半功倍的效果。同时还要经常检查自己的读书目标的进度与方向，需要勤奋不懈地努力，以及持久耐心和顽强的毅力。

不论是为了大目标还是小目标的实现，都要有勤奋和吃苦的精神，还要有毅力，克服各种困难，才能有希望达到光辉的顶点。如果没有毅力，没有顽强吃苦的精神，那么就等于没有目标，设定的目标如同虚设。勤奋是讲究读书方法的前提。勤奋读书又必然要求有目标，两者结合便能够达到理想的效果，反过来又推动我们勤奋读书。所以说，勤奋读书与讲究目标读书方法又是相互促进，相得益彰的。

古今中外，绝大多数总结过学习经验的教育家、思想家等，没有一个不把订立目标和发扬勤奋读书精神作为重要经验之一的。

唐代学者韩愈说得好："业精于勤，荒于嬉"。也就是说，学业因为勤奋而精良，因为贪玩而荒废，主张勤奋学习。

古希腊教育家苏格拉底也说过："学习无坦途。"他们都十分重视勤奋学习，而对这点，认识最深刻，论述最透彻的要数马克思了。请看他的名言：在科学道路上没有平坦的大道，只有不畏劳苦沿着陡峭山路攀登的人，才有希望到达光辉的顶点。

如果你对读书学习有了明确的目的和强烈的愿望，而现在基础又差，读书学习比较困难，可根据自己的实际情况，制定好切合自己实际的目标，也就是在定目标时要与自己的兴趣、爱好相结合。

　　大家想一想，修路为什么要顺着山势去修呢？攀登高峰为什么要从山底顺着山势一步一步地往上爬呢？你要想顺利地达到顶峰，就要做好各方面的准备，充分考虑会遇到哪些困难和如何解决这些困难，只要有顽强的毅力，坚持下去，形成良性循环，有了良好的结果，当然会变成力量。坚定不达到目标决不终止，那我们都能够心想事成。

　　可能每个人都有过这样的体验：对于你高兴学的东西，你总是愿意多下工夫，甚至学习起来不感到疲倦；同时，对所学的东西，越是下了工夫，你就越感到兴趣浓厚，可以说是越学越有味。这就是目标、勤奋与兴趣相互结合，相辅相成的结果。

　　可以说，兴趣是勤奋的一种内在的力量，而勤奋是兴趣的结果。如果没有兴趣，就不能勉励人去努力，去勤奋学习；反过来，如果只定目标，不去努力，不去勤奋学习，那么，对读书学习的兴趣很快消失。只有经过勤奋刻苦的努力，最初的学习兴趣才能保持长久，读书的兴趣会更加自觉，才能取得进步。

　　目标读书就是好，瞄准问题去围绕，勤奋学习收实效，确定目标能达到。

八面受敌，各个击破
——八面受敌读书法

自唐宋以来，在中国文学史上，"韩柳欧苏"享誉文坛。其中的"苏"就是苏轼。苏轼的文章涵浑奔放，诗也清疏隽逸，又善书法，工画。著有《东坡志林》《东坡全集》等。其中《东坡全集》一百多卷，遗诗二千七百多首，词三百多首和大量优秀的散文作品。苏轼之所以能取得如此大的成就，首先与其终生勤于读书密不可分。

苏轼在《又答王庠书》中回答说"实无捷径必得之术"，但提出读书要讲求方法。

苏轼说："卑意欲少年为学者，每一书皆作数过尽之。书富如入海，百货皆有。人之精力不能兼收尽取，但得其所欲求者尔。故愿学者每次作一意求之。如欲求古今兴亡治乱圣贤作用，但作此意求之，勿生余念。又别作一次，求事迹故实，典章文物之类，亦如之。他皆仿此。此虽愚钝，而他日学成，八面受敌，与涉猎者不可同日而语也。"

因苏轼的原文中有"八面受敌"一语，后人便称苏轼的这种读书方法为"八面受敌"法。

"八面受敌"一词，是苏轼借用《孙子兵法》中的军事术语来讲读书的，就是说读书如用兵，要做到"我专而敌分"。如果八面受敌，则不应八面出击，而要集中自己的全部精锐部队击敌一面，以众击寡，一次一次地分割包围，各个击破敌人。

一本书的内容是很丰富的，如果把各方面的知识比作"敌人", 可以说是"八面受敌"。

人的精力不可能"八面出击", 一下子全都吸收, 一口吃个胖子。苏轼在攻读《汉书》时, 每抄读一遍, 都带有一个明确的目的: 读第一遍, 他从中学习"治世之道"; 读第二遍, 是为了学用兵之法; 读第三遍, 则是专门研究人物和官制。读过数遍之后, 他对《汉书》中多方面的内容, 便由生而熟、由熟而精通。就是对文学一类的书, 苏轼也是一遍一遍不停地去读; 每读一遍, 目的也不尽相同。

苏轼的这个方法, 用现代术语来说, 叫做"专题读书法"。也就是说, 把一本书化整为零, 每次从一个角度去读, 逐个解剖研究。这种方法的特点是研究得深细, 能获得单项较系统的知识。心理学的实验也表明, 大脑同时输入多方面的杂乱的知识, 不如每次只记忆单一的、有系统的知识效果好。

按现代科学理论来说, "八面受敌"包含着"运筹学"的内容, 即如何科学地运用自己的力量, 使智能达到高峰。

苏轼曾经说过: "旧

> 先集中精力, 打破一个缺口, 建立一块或几块根据地, 然后乘胜追击, 逐步扩大研究领域, 这种学习方法, 对于研究自然科学的人也是行之有效的。
> ——王梓坤 (当代数学家)

书不厌百回读, 熟读深思子自知。"由此可见, 苏轼提倡的"八面受敌"读书法, 基础在于"精读"。

掌握运用"八面受敌"法的要领是"每次作一意求之", 集中注意书里的一个问题, 这样, 读了几遍之后对书里讲的主要精髓理解了, 再在这基础上"综合"搞清楚全书甚至"书外之意"。

苏轼的"八面受敌"读书法, 对当时与后世都有很大影响。毛泽东在《关于农村调查》一书中曾有过如下评论: "苏东坡用'八面受敌'法研究宋朝, 也是对的。"

当今信息激增, "书富如海", "一意求之", 一次一得, 各个击破, 实为绝妙的读书之法。

持之以恒，记述心得
——札记读书法

善于读书的人，读书时总是离不开笔的。因为，札记之功不可少，如不札记，"则无穷妙者皆如雨珠落大海矣"。

清末浙江学者李慈铭从 12 岁起就以日记形式记述了他每天的读书札记，直到晚年，他一共写了 64 册，几百万字。在他日记中，保存了不少当时社会的重要历史资料和他在阅读、经学、史学、音韵、金石、诗文、风俗、评论书人书事等方面的心得体会，结集为《越漫堂日记》。这本书在学术上很有价值，受到学者的重视。

那么，何谓札记？用简练的文字把读书看报时的心得、体会、随想、偶感、试析、疑点、问题等思维火花或一闪而过的感想、看法、观点、思想等及时记下来，就称为札记。写札记在各种读书笔记中难度较大，创造成分多，价值也比较大。中外很多有名的著作，其实都是由札记整理而成的。如列宁的《哲学笔记》等。报纸上常见的"读史札记"也是其中的一种。

写好札记，能加强我们读书的记忆力，促进我们在读书时积极思考，开动智慧的机器，把那些一隅之得，一闪之念用笔及时记录下来；便于我们整理出书中的要点和线索，为进一步研究提供方便。

写好札记，又是一个资料储存的极有效手段。经常做札记笔记，可以积累大量的研究和创作资料，时间长了，这就是一笔极为宝贵的知识财富。

札记的写法比较灵活，形式上可零可整；内容上可多可少；篇幅上可长可短。

怎样才能记好札记呢？

首先，要养成随时记录思想"闪念"的习惯。我们读书的过程是积累思维的过程，在这个过程中经常会闪出一些思想火花。这些火花可以是片断的，也可以是系统的，虽然是"一得之见"，但它们却是我们深入思考的起点和契机。许多人正是从这种不起眼的"一隅之得"中逐渐深入，开拓发展，以致最后形成一种较完整的思想的。若把这些零散的资料加工补充、整理拓展，很可能就是一篇好文章。

其次，在记录自己的心得体会时，要在对读物内容融会贯通的基础上写，写出自己的想法很重要，落笔前要经过反复酝酿，认真考虑，有所思才有所得，有所得才有所写。不能心血来潮，信手涂鸦，乱发不着边际的议论。这样，才能培养我们的思考力、启发创造力。要勤于思索，勇于探求，最主要多问几个为什么，不要人云亦云。内容上要精粹，文字要简练，以质为本，这样方便整理。

最后，所记的札记不应是为做而做，不能做完撇在一边了事，要注意加工整理。这些零散的资料经过补充、加工，很可能就是一篇好文章。

总之，养成读书做札记的良好习惯并掌握其方法技巧，是提高读书效益、加快知识积累的一个不容忽视的读书手段。这种方法看似笨拙，做起来也似乎慢些、苦些，但是其效果将会更好些。"好记性不如烂笔头"，瞬间的火花，也能燃成熊熊大火。

新想法常常瞬间即逝，必须努力集中注意，牢记在心，方能捕获。一贯普遍使用的好方法是养成随身携带纸和笔的习惯，记下闪过脑际独到之见的念头。
——贝弗里奇（澳大利亚动物病理学家）

没有比较就没有鉴别
——互比读书法

俗话说"没有规矩不成方圆"。说的是方法的重要性。读书也十分讲究方法。

一次，唐代诗人李白游至黄鹤楼，凭栏远眺，激情满怀，诗兴大发，但抬头看见诗人崔颢的题诗《黄鹤楼》，自愧不如，便写了"眼前有景道不得，崔颢题诗在上头"的千古名句，辍笔而去。正像戏剧家梅兰芳先生所言，好和坏是比出来的，眼界狭隘的人自然不可能知道好的之上更有好的，不看坏的也感觉不出好的可贵。

读书也是要进行比较的，只有通过比较，才能分辨优劣高低，才能鉴别良莠差异。正如古人云，"独学而无友，则孤陋寡闻"、"善学者，假人之长补其短"。

用互比法读书，可以使阅读不再仅仅局限于接受性的思维活动，而是同时调动起回忆、对比分析、鉴别以至进行新的推理和新的想象等多种思维功能，是一种能动的读书方式。

互比读书法，从范围上来看，有宏观比较和微观比较。宏观比较是多角度、多层次的综合比较；微观比较是单项的局部的比较。从形式上看，又可以分为纵向比较和横向比较两种。

纵向比较就是对某一专题不同时期的著作的比较，如对唐、宋、元、明、清不同时期诗词的比较等。通过对知识不同发展时期的比较，就能发现新旧知识的差异。寻找新旧知识之间的继承、发展关系，从而解决旧知识未能解决的难题，促进科学的进步和繁荣。

横向比较指在同一时期或同一标准下不同著作的比较。如对李白、杜甫、白

任何东西，凡是我们拿来和别的东西比较时显得高出许多的，便是伟大。
——车尔尼雪夫斯基（俄国作家）

居易的诗的比较等。横向比较有助于我们对一定历史时期的某种知识作深入全面地了解，并从中了解个性，把握共性，发现规律。

互比读书法，从比较内容上看，有以下几种形式：

● 题材比较法。题材是作品中具体描写、体现主题思想的一定社会、历史的生活事件或现象。相同的题材，其主题可以不同。用"题材比较法"读书，会更好地审题立意，写出好的有特色的文章。

● 体裁比较法。体裁即是作品的"样式"。同一个题材，可以用不同体裁来表现。这种比较，可以锤炼我们根据不同的文体特点，确定写作重点的能力。

● 主题比较法。同一题材立意不同，中心也就不同。用主题比较法，能促进我们审清文章立意，加深理解。

● 人物比较法。同一作品中的人物可以比较，不同作品中的人物也可以比较，这有助于我们在写作时描写刻画人物。

● 特色比较法。写文章，都是从作品内容出发，采用与之相应的表现手法。如在人物刻画上，或以肖像刻画取胜，或以心理描写见长；在线索安排上，有的明暗交错，有的虚实相间。通过比较，总结出各自的特色，有利于启迪读者的思维。

● 分析比较法。每个作家都有其个性，个性形成了作品的风格。分析比较，就能抓住特色，领会精髓，提高阅读效率。

法国哲学家笛卡尔说："最有价值的知识是关于方法的知识。"让我们掌握好互比读书法这把读书的钥匙，去打开知识的宝库吧！

沿波讨源，虽幽必显
——溯源读书法

　　南宋学者朱熹有句脍炙人口的诗句："问渠哪得清如许，为有源头活水来。"它深刻地揭示了世界万物之间源与流的关系。

　　如此说来，读书要不要弄清楚源与流的关系呢？答案显然是肯定的。清代考据学家阎若璩曾说过："读书不寻源头，虽得之殊可危。"意思就是说，如果获得一种知识而不去追根溯源的话，那么你对知识的掌握也是不牢固的。

　　清朝著名学者戴震，从小就养成勤学好问的读书习惯。有一次，私塾的老师在课上给学生讲授《大学章句》。在讲完"大学之道"后，塾师解释说："这一章叫《经》，记载着孔夫子的话，是由孔子的学生曾子记述的；下一章叫《传》，记载着曾子的见解，是由曾子的学生执笔写下的……"小戴震听完，站起来问："先生，你根据什么说《经》是孔夫子的话，由曾子记述的？又根据什么说《传》是曾子的见解，由他的学生执笔写下的呢？"

　　"这是朱老夫子朱熹注释的呀！"塾师振振有辞地回答说。

　　"朱熹是什么时代的人呢？"戴震接着又问。

　　"宋朝人。"塾师随口便答。

　　"那孔子、曾子又是什么时代的人呢？"戴震穷追不舍。

　　"春秋战国时代人！"塾师沉下脸来，有些不高兴了。可是戴震依然不慌不忙地说："先生，春秋战国时期与宋朝大约相距两千年，朱熹又是怎么知道两千多年前的事呢？"

一连串的问题问得塾师哑口无言。他望着眼前这满脸稚气的小孩，一种敬佩之情不禁油然而生。赞不绝口地夸奖道："这孩子肯动脑筋，可真不简单啦！将来一定有大出息。"塾师的预言果然应验了，戴震后来终于成为一位著名的思想家、大学者。

戴震这种读书方法就是本篇所要介绍的"溯源读书法"。所谓"溯源读书法"就是指在阅读过程中，对所接受的某项具体知识的出处或源泉进行认真的探索和追溯，从而掌握该知识的整个体系，特别是它产生、继承和发展的线索。"溯源读书法"也叫"寻流溯源读书法"，是一种纵向挖掘式的读书方法。

溯源的过程，实际上往往是从一本书到另一些（有时是好几本）书的探讨学习过程。这个过程越长，辐射面就越大，我们所得到的知识也就越多。如北宋文学家苏轼的作品，境界雄阔、气势豪迈、个性鲜明。我们经过溯源发现，他的文学创作受诗仙李白豪放不羁的风格影响很大，而李白又是继屈原之后出现在我国诗坛上最伟大的浪漫主义诗人。这样就可以大致归纳出从春秋战国到唐宋浪漫主义文学发展的主要线索。从而使我们学到的知识更有广度和深度。

运用溯源读书法可以帮助我们寻根究底，辨明曲直，恢复事物的本来面目，尤其历史学、考古学、训诂学、文字学、资料鉴别等更离不开溯源法。溯源读书法可以使我们跳出手中的书本，走向更加辽阔的知识世界。那么，展现在我们面前的就是源远流长的清波、奔腾不息的江河和无边无垠的汪洋。当然，溯源读书法也不是万能的。溯源的目的决不是让读者沉溺于故纸堆中，而是为了更好地把握现在的知识，放眼于未来的创造。

在溯源读书法的运用过程中，通常会遇到两种情况：一种是对文章引文出处的追踪考查（即它究竟是出自于哪里）；另一种是对某项知识不同阶段，特别是对它的最初形成情况的探溯研究（即它到底从哪里来又是怎样逐步发展的）。

我们在读书时，不论是自然科学还是社会科学著作，往往都会发现一些精彩的引文。这时我们就可以运用溯源读书法。如鲁迅小说集《彷徨》的题序"路漫漫其修远兮，吾将上下而求索"，就出自屈原的《离骚》……

但是，有些文章引文的章节或词句并不完全与原文一样，而是经过作者的艺术再加工。如曹操的诗句"日月之行，若出其中；星汉灿烂，若出其里"，出自扬雄的"出入日月，天与地沓"……通过溯源，前后比较，我们对所阅读的作品肯定会有进一层的理解，在敬佩和赞叹作者才华的同时，对自己今后的学习和创作也会起到借鉴和提高的作用。

对引文出处的溯源，还要考虑到引文的转抄和演变的全过程，从而找到引文真正的出处即原始出处。如人们常引用的名言"一寸光阴一寸金"，有的词典中"光阴"词条下引的是元代同恕《送陈嘉会》诗："尽欢菽水晨昏事，一寸光阴一寸金。"其实，最早的出处应当是唐末诗人王贞白的《白鹿洞二首》之一："读书不觉已春深，一寸光阴一寸金。不是道人来引笑，周情孔思正追寻。"这样步步深入地追根溯源，给我们带来了多少乐趣，又增添了多少原来书本上学不到的知识啊！

> 生活的全部意义在于无穷地探索尚未知道的东西，在于不断地增加更多的知识。
>
> ——左拉（法国作家）

既然溯源读书法有这么多的乐趣与优点，我们应该怎样运用它呢？

> 首先，要做读书的有心人。也就是说要善于"寻流"，善于抓住书中的疑点，即便是蛛丝马迹也不要放过。

> 其次，要有坚韧不拔的意志。溯源是一种艰苦的劳动，即使发现了疑点，如果不付出巨大的努力，往往也是无法找到某项知识的源泉的。

　　再次，要有认真分析的精神。世间万事万物错综复杂，并不是所有书本知识都有很明显的源头，况且有些书本知识的源头又是那么扑朔迷离。如果我们不加分析，人云亦云，很可能就会造成不良的后果。

　　最后，要有不耻下问的态度。运用溯源读书法，当然要查找大量的书籍资料，尤其是工具书。然而，我们另一方面还要提倡谦虚好学、不耻下问的态度。因为运用溯源读书法，应当是有目的、有选择、有侧重的，并非所有的书本知识都要一味地妄加考证。如果那样就要走许多冤枉路。当我们对书本知识的源头不知所踪、茫然无措时，不妨多向专家学者求教，这将省去我们查阅书籍的大量时间，尽快获得我们所需的知识。所以说，不耻下问不失为运用溯源读书法的一个方便有效的捷径。

　　现代著名教育家陶行知先生曾经在其名为《问到底》的诗中诙谐地写道：

　　天地是个闷葫芦，闷葫芦里有妙理。

　　你不问它你怕它，它一被问它怕你。

　　你如愿意问问看，一问只须问到底。

　　只要我们有针对性地、灵活而 巧妙地运用"溯源读书法"，相信一定会把书本上的知识理解得更透彻、更系统、更全面。

　　如果你对知识究根追源，在你面前展现的将是更为广阔的知识境界。

多管窥豹，可见全斑
——归纳读书法

中国有一个成语叫做"管中窥豹"。意思是说如果从一个细管子里看豹身，其后果是可以预见的，即"可见一斑"。但是如果你的"管"不仅是一个，而是多个呢，那就不仅可以看到许多个"斑"，而且可以看到豹眼、豹鼻乃至整个豹身。我们读书时，也可以采用"多管窥豹"的方法，也就是归纳读书法。

在第二次世界大战前夕，英国作家雅各布出版了一本震惊世界的小册子。他将希特勒军队的各种情况公布于众，希特勒为此大发其火，将雅各布绑了起来，审问他是如何窃得情报的。雅各布回答："全部来自德国报纸。"原来，雅各布一直精心阅读德国报纸，凡是有关德军情况的消息，哪怕几个字也不放过。他对这些零散的信息加以摘录、分类，就把德军的"斑"拼了出来，终于"合成"了"豹"的全貌，获得了德国军事部署的系统情报。

雅各布的成就就是使用归纳读书法的一个典型实例。当我们读一本书或一篇文章时，都想要把所要研究的问题搜集、整理、分析、归纳到一起，获得自己有用的信息以便更好地掌握。这时，就不妨运用"归纳读书法"。

比如说学习历史这个学科吧。学习历史要掌握历史线索，讲究学习方法。历史学科的特点是，历史人物众多，历史事件繁杂，年代、背景纷纭繁复，极易混为一团。如果不讲究方法，一味地死记硬背，就不会收到很好的效果。

学习历史要根据时间上的纵向序列和同年代发生的历史事件的横向序列，进行列表归纳和分析。这样便于记忆基本史实，也便于把握众多的历史事件之间的内在联系，同时还能提高分析归纳问题的能力。不是把知识学死，而是把知识学活。

"归纳读书法"中有一个非常实用的形式——列表归纳。

列表归纳法可以从纵向列表和横向列表两个角度去归纳。

纵向列表是从时间顺序上，对历史事件作纵的梳理、归纳，然后逐一比较其异同。比如，"中国土地制度"，可按时序，一个朝代一个朝代地逐一清理。理出一条线后，就能看清我国土地制度的来龙去脉，掌握其沿革情况。这样也十分便于比较，在比较中，每个朝代土地制度的特点就看得很清楚，其异同泾渭分明。就拿"中央集权制"这一专题来说吧，梳理过后再对历代情况加以比较，就可以看清我国封建社会中央集权制的强化过程。

这种纵向列表，适于一个专题一个专题，一个方面一个方面地进行梳理和比较。如果将主要专题都比较过了，那么中国社会发展变化的规律也就可以清楚地掌握了。

横向列表不是以时间为序，而是以空间为序。在相同或不同的时间里，将不同空间相同或相似的历史事件排列在一起。这样梳理过后再比较其异同效果颇佳。比如拿日本资产阶级革命和中国资产阶级革命两相比较，不列表，不梳理时，鱼龙混杂，眉目不清。经过梳理之后，其相同点与不同点分外鲜明，各自特点水落石出，便于记忆。不仅如此，通过归纳，还可以深入一步，掌握历史事件的共性与个性，这是一箭双雕的做法。

归纳法不只是一种，还要旁注归纳。所谓的旁注归纳读书法，就是把书中某一章节、某一情节等等，经过思考、分析，用自己的语言，把其重点、基本精神归纳一下，了解其段落大意、内容提要、主题思想、写作方法，而后以旁注的形式把所归纳的记下来。这是一种最常用的读书方法。

人们在写文章的时候，往往把文章分成许多段落，每个段落说明一个主要意思。读书的人读完一段就理解一段，一段一段的意思了解了，全篇文章的大意也就明白了。所以读书时，注意分析段落，学会归纳段落大意，是学懂弄通一篇文章的前提。

如何归纳段落大意？主要是紧扣中心，这是很重要的方法。因为一段文字，要从不同的角度去阅读，可能会产生不同的理解，所以只有将表示局部的段意放入全文中去归纳，段意才能正确。

在阅读中我们采取旁注归纳法，把对每个段落内容的理解归纳成段落大意、写出段落提要，可以加深对整个文章的理解，增强和巩固记忆。

作家高尔基曾说过："每一本书都是全人类精神劳动的结晶，因为书就是人类通过集思广益，再由个人写下最精练的语言。"使用归纳读书法，对读书者系统地掌握书本中的智慧结晶，是大有裨益的。

越是善于归纳总结，头脑中储存的知识就越系统，越丰富。

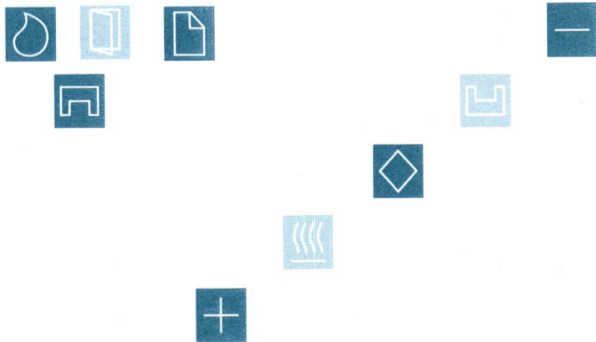

思不废学，学不废思
——预测读书法

大千世界有各种各样的书籍，有各种各样的读书人，同时也就有了各种各样的读书方法。大多数的读书人是根据书来选择阅读方法的：读唐诗宋词，应逐字逐句地细细品味；读历史典籍，须纵横联系，古今联想；读哲学著作，必侧重其内在规律、原理；而读小说，则可迅速地快读。

当然，并不是所有的读者都必须遵循这样的方法，每个人可根据自己的实际情况来设计或选择读书方法。在众多的读书方法中，有一种独特的方法叫"预测读书法"。这种方法颇新颖，具有创造力，而且别有一番情趣。因此，青年朋友在选择阅读方法时，对此种读书方法不妨一试。

那么，什么叫预测读书法呢？预测读书法是指人们在科学研究和生产生活实践中，提出一个预测、假设或设想，然后为了解释、说明、验证它而找来有关的书籍资料进行阅读。这就是预测读书法。

生活中人们见到一本好书或是一篇好文章后，总是习惯于迫不及待地阅读，尤其对盼望已久的书，更是如此。殊不知，在这种毫无准备的情况下，你的思维已经不知不觉地跟着作者的思维移动，你的思想也在潜移默化中被书中的理论所左右了。这样做固然可较快地掌握书中的内容，获得信息，然而对培养自己的创造性思维却收效不大。这也是大多数人在阅读过程中所存在的一种偏颇。

因此，为避免这一偏颇弊病，对于拿到手中的书或文章，先不要急于去看其内容，不妨先悉心研究一下题目，然后静思设想一下：如果这个题目由自己来写，将分几章几节？会组织怎样的结构体系？对其中的重要观点又将从哪方面入手？组织哪些材料来加以论述？……然后将自己的设想写下来，再与原文进行对比，看哪些地方不谋而合，哪些地方意见相左，哪些地方自己不得其解，最后据此确定自己的读书重点。

对于"不谋而合"之处，稍加浏览即可；对"见解相左"的，就要下一番工夫，探究一下，"左"在哪里，原因何在。而对于正确的东西，不但要掌握其观点，还要掌握作者的思路，学习他的思维方法。这样既获得了知识的"真经"，又锻炼了自己的思维创造力。

著名数学家华罗庚为锻炼培养自己的思维能力，经常运用预测读书法进行读书。每当一本书拿到手中后，华罗庚并不是迫不及待地把书打开，而是先对着书名思考片刻，然后熄灯躺在床上，开始闭目静静地"思书"。他首先回顾过去所读的同类书籍的一般写法和通常观点，然后再预想：要是这个题目到了自己的手里，自己应该怎样来"做文章"。待这一切全部想好以后，再打开灯，起身翻阅。

> 若无大胆放肆的猜测，一般是不可能有知识的进展的。
> ——高斯（德国数学家）

这一来，凡是其他书上已说过而且自己也熟知的内容，华罗庚就不再看了，而专门去读书中那些新颖独到的观点。如此一来，自然举重若轻，使书读得既快又好了。

预测读书法不仅在读书之前可运用，即使在阅读过程中也可进行。比如当你读到某一章节处时，不妨停顿下来，掩卷而思，预测一下：下文如何，内容怎样，然后在读书中加以验证。如果后边作者的论述和安排，果然不出你之所料，就说明在这一点上你已接近作者的思路和水平。如果后面的作者的写法出乎所料，就要想一想，为什么作者要这样写。想通了，自己也就提高了一步。这样，不仅可以对书中独到的观点留下明晰的印象，而且更为重要的是，大大提高了自己思维能力和分析能力。

预测读书作为一种研究性阅读，被大量运用在科学研究、发明创造等活动中。因此，在运用此种方法时要注意掌握以下几点。

● 预测读书要有明确的目的，要善于寻找那些和预测有密切关系的书籍资料来阅读和分析。

● 要对所阅读的资料做定性和定量分析，从中找出规律，描绘出事物发展的轨迹。

● 要把书本上读到的信息与现实生活中的真实信息结合起来，加以对比、检验，把理论预测和实际预测结合起来。

预测性读书的意义是很大的。理智的预测可以使人看到光明，憧憬未来。可以愉快地学到知识。能够激发我们的求知欲望，在学习上保持一股进取精神，进而达到在科学上"有所发现，有所发明，有所创造，有所前进"的目的。

敢于对生活进行理智的大胆预测，并辛勤地去探索，将能得到新的发现和新的收获。

他人之心，予忖度之
——推测读书法

所谓推测读书法，是指由前文推想后文的一种阅读方法。即在阅读中，对所阅读书籍或文章的某一关键之处有意识地停顿下来，暂时不读，而且掩卷退思，沿着作者的思维轨迹去跟踪和探索，然后进行合理的假设或联想，去寻求未读过的内容，进而再展卷续读，对照、检验自己的假设与作者是否一致。

由于推测读书法是一种新颖独特的读书方式，因而，就一般青年朋友来说，恐怕不是十分熟悉。它有多大的益处，在我们没有亲身感受体验的时候，大概也都心存疑问。但是，倘若看一看一些中外学者们用这种方法读书的成功经验，我们就可以知道，凡是运用推测读书法读书的人，都从中受益匪浅。

著名电影剧作家夏衍在初学写作电影剧本时，运用的就是推测读书法。他拜银幕为师，以电影说明书为教材，每当看一部电影时，先熟悉故事梗概，再通过预测，自己构思电影情节，丰富其内容，赋予人物性格。然后一边看银幕上的影片，一边和自己头脑中构思的电影进行对照、比较，找出别人的长处，从中学习电影艺术的语言，掌握蒙太奇结构手法。

通过这种别出心裁的读书方法，使夏衍的收获特别大。他的影剧著作后来之所以那么丰富，影剧理论之所以那么精湛，与他长期地进行"推测读书"实践是分不开的。

推测读书法的运用不仅在国内，在国外也受到普遍重视。据说，德国大作家歌德在年少时，曾受过专门的推读训练。

他母亲天天都给他讲一段故事，就像报纸上每天刊登一段连载小说那样，每讲到关键之处，就"且听下回分解"，停下来不讲了，让歌德自己推测一下以后的故事情节。第二天讲故事之前，歌德的母亲先让歌德说说他对故事情节是怎样设想的，然后她再按照故事的情节继续讲下去。歌德后来在创作实践中所表现出来的卓越的想象和思考能力，与他从小受到的这种良好的推读训练是不无关系的。

心理学家认为："悬念能促进想象和思考力。"从以上事例可以看出，推测读书法起码有以下几点益处：

一、推测能调动读书的积极性，提高读书效益

推测读书法是一种别开生面、饶有兴趣、引人入胜的读书法。它不是枯燥无味的纯推理活动，而是一个既有推测的广阔天地，又有一个较为准确的验证标准的过程。这样读书，有时因与作者思路相同而欣喜；有时为作者别出心裁而拍案叫绝；有时又必须对于不得其解之处探究其正误，因此别有一番情趣。这些都大大激发了读者的求知欲望，从而保证了较佳的读书效果。

二、推测是联想、创造的基石

推测是一种由已知探索未知的特殊的思维活动。在这种活动中，必然要伴随着丰富的联想和想象，其结果也往往有益于创造发明。

三、推测读书法能提高阅读速度，保证阅读质量

每一本书都有粗读和精读之处，运用推测读书法可以帮助我们

对此作出较为准确的判断。当拿到一本书的时候，首先对照书目回顾一下，自己过去所读过的书籍中是否有同类的观点和内容，然后想一下，自己应该怎样去构思和撰写这本书。这样一来，对书上凡是已读过的内容和观点，稍微浏览一下即可，而对于新颖独到的不同观点，就应该深入钻研，反复探讨了。这样读，既节省了时间又提高了阅读速度。另外，它还可以帮助我们掌握书中的要点，明晰作者的思路，并通过推测发现自己的不足，从而保证读书的质量。

推测读书法在具体运用过程中，其表现形式是多种多样的。如，有文章篇名推测、文章头尾推测、内容提要推测等。当然，对于各种推测方式的选择，应根据不同的文体、不同的需要及读者自身的性格来决定，无需固定某一形式，否则将会适得其反。

西汉著名文学家司马相如曾说过："明者远见于未萌，而智者避免于无形；祸因多藏于隐微，而发于之所忽。"这句话对于有效地使用推测读书法，是很有借鉴和指导意义的。但要真正做到见"风起于清萍之末"，便推测出是"大王之雄风"恐怕也不是很容易的。这就需要一个长期反复的实践过程。因此，青年朋友在使用推测读书法时，一定要持之以恒，才能有所收获，逐步提高。

科学的进步取决于科学家们的大胆推测和创造，敏锐的洞察力和丰富的想象力得益于使用推测读书法。

抓其要点，探其妙义
——"提要钩玄"读书法

一提起韩愈，许多人都知道他是唐代著名的文学家，因郡望昌黎，故称韩昌黎。韩愈"自知读书，日记数千百言，比长，尽能通六经、百家学"，为文反对骈偶，为诗力求新奇。韩愈与柳宗元同为古文运动倡导者，被尊为"唐宋八大家"之首。但也许你还不知道，韩愈对读书问题也有很深的研究，而且为后世留下了颇有见地的读书方法。

韩愈在《进学解》里说他的读书方法是"口不绝吟于六艺之文，手不停披于百家之编。记事者必提其要，纂言者必钩其玄，贪多务得，细大不捐"。后人将其概括为"提要钩玄"读书法。

韩愈的这种读书方法，主要是强调读书要勤奋博览，多读多记。在博览百家之书时，首先得将书分门别类，然后按其性质类型的不同采用不同的读法。对于那些记事类的书籍，阅读时必须掌握它的要领寓意，也就是善于提纲挈领地抓住书中的重点；对于那些理论类的书籍，阅读时必须探索出它的主旨妙义，也就是善于抓住它的精深部分。

这里我们摘录一篇韩愈的读书笔记——《读〈冠子〉》，看看韩愈是怎样提要钩玄的。

《冠子》十有九篇，其词杂黄老刑名。其《博选篇》，"四稽"、"五至"之说当矣。使其人遇时，授其道而施于国家，功德岂少哉！称"贱生于无所用，中流失舟，一壶千金"者，余三读其辞而悲之。文字脱谬，为之正三十有五字，乙者三，更者二十有二，注十有二字云。

他先写明这部书有多少篇，其次指出这部书的内容是讲什么的。这部书属于先秦诸子。黄老就是道家，讲黄帝、老子的学说；刑名就是法家。这本书的内容是道家兼法家。再指出这本书的要点，有篇《博选篇》，里面提出"四稽"、"五至"的学说，"四稽"是指从四个方面来考察，"五至"是要达到五个要求，都是为治理国家打算。

韩愈认为冠子的学说很恰当，假使他被国君任用，用书中的办法来治理国家，功效是不小的。接着，他又引用了书中的话，说有的东西被看轻，是由于没有利用它。比方一个大葫芦，大家看不起它，要是在大河中船翻了，抱了大葫芦就可以救命。这时候一个大葫芦就价值千金了。韩愈反复读这些话，引起了悲哀。韩愈还改正书中的文字脱误，把改正、颠倒、涂去和旁注的字一一记清。

从这篇读书笔记我们看出，韩愈不是把一本书的要点记下来就算了，而是要先记下这本书的概况，在记下其中要点时，还要写出自己对这些要点的看法、意见。并摘出其中精彩的话。这就是说，一本书读过要思考，从全书的内容到精彩的篇章，到精彩的话都要考虑，直至对书中的错字都不放过，这才能抓住重点，探其妙义，掌握精髓。从这里，我们既可以学习韩愈读书是怎样"提要钩玄"的，还可以学习他是怎样写提要式读书笔记的。

> 善读书者应该是：分其类，解其意，知其要，明其理。
>
> ——编者

读书若能做到提要钩玄，效果必定会好。因为"提其纲要"，能使你对书中事件的发生发展过程及发生原因，一目了然，清清楚楚，从而可以进一步了解事件之间的相互联系，透过现象，看到本质，吸取精华，剔除糟粕。"钩其玄"，便于你把握要点，吃透精神实质，对某些重要观点进行深入的研究，从而开拓视野，启迪思路，增长知识，有所创见。

怎样运用"提要钩玄"读书法呢？

首先，要边读边思，认真读原文，避免浮光掠影，不求甚解。英国哲学家培根说得好："我们不应当像蚂蚁，单只收集；也不可像蜘蛛，只从自己肚中抽丝，而应当像蜜蜂，既采集，又整理，这样才能酿出甜美的蜂蜜来。"这个比喻准确地表明了读与思的关系。认真研读原文，就要做到读一遍不行，就再读一遍。韩愈笔记中的"余三读……"的"三"字是虚数，表示反复阅读。书，读熟了，其中的要点和妙义就会逐渐显现出来。"读书百遍，其义自见"，说的就是这个道理。

其次，要有意识地训练和培养读书的概括能力。有的人读书虽能字斟句酌，而且颇下工夫，但往往只见芝麻不见西瓜。抓住了书的皮毛，抛掉了书的骨肉，缺乏概括能力。概括能力强，才善于抓纲带目，善于提取书中要点。

有许多青年朋友，在学习某门学科时，常常感到内容繁杂，甚至有眼花缭乱之感。可是，假如你能将其中的基本原理抓住了，就不会再有这种感觉了。提要钩玄读书法，起的就是这样的作用。

把精力集中到一个焦点上
——选择读书法

  人生在世总是要读书学习的。俗话说："活到老学到老。"但读书是要讲究方法的。读过俄国作家果戈里小说《死魂灵》的人都知道，有个叫彼得尔希加的人，他嗜书如命，见书就读，什么文艺的、宗教的、哲学的，读懂读不懂他都读，就是一味地读。至于从书里可以得到什么，连想都没想过。他就是这样辛辛苦苦地读了一辈子书，其结果是一无所得。

  庄子曾慨叹地说过："吾生也有涯，而知也无涯。"这句话的意思就是："我的生命是短暂的，而知识却是无穷无尽的啊！"它深刻地揭示了知识无穷和生命有限之间的矛盾。

  尤其在当今信息密集时代，信息和载体形式越来越多样化。知识的激增给我们读书带来了危机。德国著名学者哈根·拜因豪尔说：今天，一个科学家即使夜以继日地工作，也只能阅览世界上有关本专业全部出版物的5%。钱学森说，他当研究生时，搞超音速空气动力学，全世界有关论文都看了，因为一共也没有多少；而现在连搬都搬不动，别说看了。

  可见，二千多年前庄子所说的生有涯而知无涯的矛盾，现在是充分体现出来了。人的生命是有限的，所以我们不提倡彼得尔希加那种盲目的读书方法。那么，如何解决生命和知识这一矛盾呢？那就是要有选择地读书。

  外国曾流传着一个叫"焦点"的故事。据说，有一个青年学者，在读书时认真专研、勤奋刻苦。但是，收效总是不大。一天，他找到昆虫专家法布尔，苦恼万分地说："我不知疲倦地把自己的全部精力都花在我爱好的事情上，结果却收效不大，这是怎么回事？法布尔听罢赞许地说："看起来你是一位有志气的青年。"那位青年说："是啊，我爱科学，可我也爱文学和音乐以及美术，对它们我几乎把全部的精力都用上了。"法布尔顿时明白了，他诙谐地从口袋中掏出一块放大镜，对准一个昆虫说："把你的全部精力集中在一个焦点上试试，就像把这块放大镜对准昆虫一样。"于是，这个青年恍然大悟。

可见，我们在选择读书时，一定要像法布尔把放大镜的焦点对准昆虫那样集中。选择一定的主攻方向，就会在有限的生命里，将主要精力都集中在一个或几个学科中，实现自己的志向。

选择读书的主攻方向首先应与本职工作相结合。做到学与用的统一，就能节省时间和精力，达到事半功倍的效果。

实践证明，凡是能根据自己工作的特点来选择主攻方向，既有益于提高业务水平，又能在学业上有所

> 阅读一本不适合自己的书比不阅读还要坏。我们必须学会这样一种本领，选择最有价值、适合自己需要的读物。
> ——别林斯基（俄国文学家）

建树，这是一举两得之事，我们又乐而不为呢？

另外，还应兼顾自己的兴趣、爱好和特长。

热情是人们获取知识、钻研知识、运用知识过程中的一种特殊认识倾向。而这些热情、痴情乃至不可竭制的愿望又总是和读者的兴趣、爱好特长密不可分的。所以，当我们选择读书的主攻方向时，妥善地兼顾自己的兴趣、爱好和特长是很重要的，也是很有好处的。

在确定了读书的主攻方向后，还应该选择好"入门书"。

"入门书"也是基础书。对于初学者来说选择入门书必须根据自己的水平，一开始不要去啃太深的书，不妨先从较浅显的书籍读

起，由浅入深，由易到难，由广入专，逐步提高。因此，最好从一些自学丛书、普及读物、通俗读物等基础书读起，这样较易于入门，又有助于提起学习的兴趣。俗话说万事开头难，读入门书打好了基础，稳固根基，才能步步向上。反之，如果入门书选得深奥难懂，想一口吃个大胖子，是极不现实的，它容易使人丧失兴趣，产生畏难情绪，就会影响学习效果，甚至半途而废。

读入门书，打好基础，然后可以选择有价值的书。

什么样的书才算最有价值的必读书呢？

● 名著。因为这些书往往是作者智慧的精华，也是人类共有的精神财富在某一方面的总结。这些书所包含的信息量较一般的书丰富。读这类书可以节省时间，是取得较好学习效果的捷径。

● 一流书。读了第一流的书，就可以举一反三，触类旁通，扩大自己的视野。如果舍第一流书而取二、三流，得到的只能是三、四流的成果。因此，我们必须选择一流的书来读。

那么，怎样才能在读书选择的过程中，根据自己的主客观条件，加以具体的分析呢？

量体裁衣法：实际上并不是每一本书包括名著、一流书对广大读者都一样有用。每个读者的实际情况是不同的，兴趣、爱好、特长也都各不相同，所需要的书当然也是不相同的。只有适合于自己需要的书，才是被选中的对象，才是有用的书。

名师指点法：一个人的精力是有限的，要想直接通过读书受益，就应该虚心向老师、专家、学者请教，请他们开列出某门学科精品书的书目，然后再结合自己的实际情况加以选择。

筛选法：它包括粗选和比较法。粗选就是从大量的书中随手翻翻，看看书的标题、目录、内容简介，或一目十行地掠过。适用者选，不适用者弃。比较法就是平时在读书时应该有意识地进行比较，比较各种书的优劣，比较各种书对自己的适用程度，重新认识自己所选的书籍，这样通过反复筛选，就可以确定所选的最佳书籍。

目录检索法：书目是人们漫步书林学海的顾问和向导。借助书目，能使你比较及时地获得有关某一学科或某一课题的发展动向和概况，并且能帮助你从许多同类的图书中选择最好的书刊资料。

精读法：培根说过："有些书可供一尝，有些书可以吞下，有不多几部书则应当咀嚼消化。"在这一阶段，就需要对那些筛选后剩下的最重要的书籍或章节，逐字逐句细读精思，边读边做笔记，努力把书本知识真正消化吸收，变成自己的血肉。

然而，事物是不断发展变化的，一个人的主客观的条件也是不断发展变化的。在读书学习中，很可能读书人自己某一方面的尚未发现的才能会脱颖而出，这时，也许就应该适度地调整自己的读书方向，试探一下"新"才能是否具有发展潜力。说不定这种读书方向的转变就此给你生活的转变带来了新的契机。

另一方面，在读书学习的过程中也可能发现某一方面是自己的劣势、短处、弱点，如果沿着这方面再发展下去有"此路不通"的危险，这时就应当清醒地舍弃这方面的专研，将主攻方向转到自己擅长的方向上来。

我们提倡选择读书法，根本的原则就是读书人必须根据自己的具体情况选书，不要随波逐流，赶"浪头"，看别人读什么书，自己就读什么书。社会上时兴什么书就去追逐什么书。如果这样，不动脑筋地把别人的选择作为自己的选择，同样达不到效果。

不要阅读信手拈来的书，而要严格地加以挑选。

巧读篇

"由薄到厚"与"由厚到薄"
——薄厚互返读书法

古往今来，凡是学有所成者都很重视读书之道与学习方法。其中著名数学家华罗庚不仅善于学习，而且在实践中还总结归纳出一套符合读书规律的读书学习方法，这就是薄厚互返读书法。

薄厚互返读书法，即"由薄到厚"再"由厚到薄"，其实质就是读书学习时所要经过的两个过程。第一个过程，"由薄到厚"，是指打好基础，积累知识。对于基本的东西要学深、学透，弄明白概念、定理以及相关问题。这样，一本不太厚的书无形中就增加了许多内容而变"厚"。第二个过程，是"由厚到薄"也是读书学习的重要一步，是指将"由薄到厚"而得的基础知识积极消化、提炼，从而"厚积而薄发"并有所突破。

当我们打开一本书的时候，实际上也就是接受新知识、学习积累的开始。因此，面对新知识，就要求我们对于每一个概念、每一个章节都要搞清楚，弄得明明白白。例如某一个定理，其已知条件是什么？结论是什么？在证明中是否涉及到其他概念和结论等等。如果又遇到别的概念和结论，还应该把它的来龙去脉弄清楚，斟字酌句，深思熟虑，并追根求源。对不懂的环节或问题，更应该注上标记，加上注解。这样一来，就会觉得学了许多东西，使本来一本不厚的书，读完之后，内容不知道增加了多少，书也因而变得更厚了。

当然，在读书过程中，虽然"由薄到厚"，基础的"厚"

很重要，也是十分必要的，但仅限于此是远远不够的。"雄厚"的基础知识还不是我们所要达到的最后目的。如果读书仅仅停留在这个阶段，那么学习上是不会有长足的进步和提高的。要真正地学会、学懂，还必须经过"由厚到薄"的过程。即在"由薄到厚"的基础上再返回来"由厚到薄"。

那么如何将"厚"书读到"薄"呢？

对此，著名物理学家爱因斯坦根据自己读书的实践体会曾说过："在所阅读的书本中找出可以把自己引到深处的东西，并把它的一切统统抛掉，就是抛掉使头脑负担过重和会把自己诱离到不良之处的一切。"这样边读边抛，不断去粗取精，就会使书本越读越薄，从而达到把握要点，领会精髓，吸取其有益的知识核心的目的。

其实，"由厚到薄"是一个消化、吸收、提炼的过程。在这个过程中，有三个关键环节：

● 消化——从读书到有效储存的第一步。

● 简化——在消化材料的基础上借助思维，加以概括抽象，如图表、中心句、关键词。经过这些重要的融会贯通的环节，就可以把一本厚书读薄了。

● 序列化——把新近汲收的知识，嵌入已经储存的体系，不仅蕴涵着潜在功效，同时也把许多部加在一起很厚的书读"薄"了。

正如数学家华罗庚所说："一本书，当未读之前，你感到就是那么厚；在读的过程中，如果你对各章各节作深入的探讨，在每页上加添注解，补充参考资料，那就会觉得更厚了。但是，当我们对书的内容真正有了透彻的了解，抓住了全书的要点，掌握了全书的精神实质以后，就会感到书本变薄了。愈是懂得透彻，就愈有薄的感觉，就是每个科学家都要经历的过程。这样，并不是学的知识变少了，而是把知识消化了。"

在这里，数学家华罗庚将"由薄到厚"与"由厚到薄"的互返作了精辟的阐述，强调了只有把握住书中精神实质，抓住要点，经过消化、提炼，才能将书读"薄"，使知识升华。同时，科学家的精辟阐述也说明了一个道理，并给人以启迪，即：你读到"薄"的书愈多，你的知识领域就愈广，你的学识水平也就愈高。

"由薄到厚"与"由厚到薄"是相辅相成的，两者的关系是辩证统一的。前者是后者的基础，后者能为前者的释放创造条件。没有前者"由薄到厚"的第一步，就不能有"由厚到薄"的进一步。如果只做到前者的第一步，而不能达到后者"由厚到薄"的第二步，就只能做个储存知识的"仓库"，而不能认为真正学懂了。

也许按照上述这样薄厚互返的方法读书，有人读书会觉得慢了一些，其实不然。开始的时候可能慢些，但如果真正掌握好、运用好，在同一类书中只要集中精力攻读一本。再看其余的几本书，就会感觉到：原来"这"一部分自己已经明白，而"那"一部分实际和第一本读的书相同。这样，其他同类书中真正需要你去学习掌握的东西就剩下那么一点点了，所以读起来也就快多了。

"由薄到厚"与"由厚到薄"的互返学习，是数学家华罗庚在读书实践中总结归纳出的符合规律的一种读书方法。它对于有志成才的青年朋友们来说，不失为一个行之有效的读书方法和学习手段。

以"由薄到厚"之积累，求"由厚到薄"之精髓，得"事半功倍"之成效。

合理安排，突出重点
——30—3—30 读书法

读书需要时间，没有时间不能读书，这是尽人皆知的道理。目前，美国正流行一种叫做"30—3—30"的阅读方法。这种阅读法的含义是把文章分为三类：分别用 30 秒、3 分钟、30 分钟时间读完。

我们都知道，时间是一维的，具有不可往返性。因此，时间显得特别的宝贵，所以我们读书时要善于利用时间。以读报纸为例吧，首先用 30 秒的时间去看报纸的标题，如果认为文章对自己无价值或不感兴趣，那么就算读完了，要想稍微深入一点了解文章内容，就再用 3 分钟的时间看内容提要，或粗读、略读全文；若还需要进一步了解文章详细内容，则再用 30 分钟时间通读全文，或精读重点段落。

这种读书方法带有较强的读书意识，要求每个人阅读时根据自己的兴趣爱好、知识水平和知识结构与背景，科学地安排时间，有选择地进行阅读。

比如学生在读书的时候，一本书拿过来，里边的内容不一定都必须你去精读一遍，这就需要你用"30 秒钟、3 分钟、30 分钟读书法"合理安排、有步骤地阅读有关书籍。先用 30 秒钟的时间把书的目录大概看一遍；再用 3 分钟挑选出你想要了解的标题；最后，把需要你去深入理解、斟酌的内容再用 30 分钟或更长一点的时间精读一遍。在当今书籍、报刊众多的情况下，这种阅读方法尤其显得重要。凡在事业上有所成就的人无一不是利用时间的能手。合理安排时间，就等于节省时间。

30 秒钟—3 分钟—30 分钟这种读书方法和泛读法关系较为密切。泛读法通常指为了概括地了解文章或片断的主要内容而进行的一种快速读书法。它与略读法一样，常常与精读法相对而言。

泛读法它只要求从文章整体着眼，在跳跃式的阅读中把握表达中心思想的主要句子，不必依次去读每一个句子，更用不着咬文嚼字，这时就可以用 3 分钟的时间去读。一旦对文章或片断有了一个概括的认识之后，就可以进一步确定是否有必要、有兴趣或仔细地阅读全篇，这时再用 30 分钟的时间。这种时间分配的阅读方法，注意力必须要高度集中。只有注意力集中才能在大量的文字信息中捕捉到必要的信息。

中学生读书看报，往往不分良莠，不考虑知识的价值，一律从头至尾看下去，得来的知识是杂乱无章的。譬如看报，各个版面的内容不同，哪些是自己急需的，哪些是自己暂时还不需要的，哪些是自己不需要的，首先要用最快的时间 30 秒钟扫读一番，再以标题、重点语、图表等为主要阅读对象用 3 分钟的时间

> 必须记住我们学习的时间是有限的。时间有限，不只由于人生短促，更由于人事纷繁。我们应该力求把我们所有的时间用去做最有益的事情。
> ——斯宾塞（英国哲学家）

阅读找出是否有必要精读的、有必要详细了解的，再用 30 分钟去详细阅读一遍，挑选出值得你去深入研究的重要信息。这种读书法不至于为一些无关紧要的信息、内容费时太多。因此运用 30—3—30 阅读法，对于我们每个读书看报的人，无疑是有很大帮助的。

合理安排时间，就等于节约时间。

陆游游蜀悟诗意
——实践读书法

我国宋代大诗人陆游，读书时曾遇到过这样一件事，有一回，他读了苏东坡的《牡丹诗》，见其中一句是"一朵妖红翠欲流"。起初他弄不懂"翠欲流"是什么意思，后来他来到成都，经过木行街时，发现市场上有一个"郭家鲜翠红紫铺"。经过请教当地人，才晓得四川话"鲜翠"就是"鲜明"的意思。陆游恍然大悟，原来"翠欲流"用的是四川话啊！

实际上，陆游这次游蜀的过程，就好像读了一本大自然中的"无字书"。清代文学家廖燕说过："无字书者，天地万物是也。"天地万物，日月星辰、山川草木、虫鱼鸟兽以及人类社会的各种社会现象，都是一本本无字的书。而且内容极为丰富，非常值得研究和学习，所以，所谓的读"无字书"，就是人们参加社会实践，通过实践来学习或加深那些书本上学不到的知识，也就是本文所要提到的"实践读书法"。

有人会这样以为，书上的东西都是前人或哲人总结出来的经验，放着现成的东西不要，反到去自己实践，那不是浪费吗？诚然，书是前人智慧的结晶，是他们留给我们的一笔宝贵的精神财富和丰富的文化遗产，但他们的话就是准确无误的吗？答案是不尽然。

古人有句话，"尽信书，则不如无书"。受到认识和客观条件的限制，书中的有些观点也存在错误。

古希腊著名的哲学家、思想家亚里士多德在当时具有绝对权威的地位。他说的许多话被当时乃至千年以后的人当做真理，不敢有丝毫怀疑，其中他认为，当两个重量不同的物体从不同高度下落时，总是重量大的物体先落地，这一想当然的论断，被后来的著名物理学家伽利略通过在比萨斜塔上一大一小两个异重铁球同时落地的事实所推翻。所以说实践是检验真理的唯一标准。我们应该学习的是那些被实践证明是正确的东西，而不是脱离实际的空谈。

其实，我国历史上的大学者、大科学家，大半都是通过读无字书来丰富自己的见闻，充实自己的著述的。例如大史学家司马迁所以取得伟大成功，一方面固然具备了"天下遗闻之事，靡不毕集太史公"的特殊条件，对书本上的知识积累了不少，而另一方面，更得力于曾一度大规模的旅行。足迹由东南、中原遍历西南边境，通过实地调查收集掌握了大量翔实的资料，充实了自己的著作，这一切自然有无字书的功劳。

相似的例子还有大科学家李时珍所著的《本草纲目》，几十年的研究读无字书的经历，是他取得如此成就的根本原因。这个道理其实很简单，知识都是从日常生活、自然现象提炼、概括、总结、综合出来的，只有那些源于实践，升华于实践的东西，才是真正对我们有益的。读书的同时，要进行相应的实践，这个道理曾经被无数的人、无数的事所证明。像纸上谈兵的赵括，从小爱学兵法，也曾读过大量的兵书，谈起用兵之道，连其父名将赵奢也难不倒他。就是这样一位看似优秀的将领，在实际用兵的战场上，却成了一个死读书的书呆子，置实际情况于不顾，照搬书上"兵益速决"，"倍则战之"的条条指挥作战，被秦兵杀得片甲不留，白白断送了赵国 40 万将士的性命，这就是理论与实践脱离的巨大危害。

> 读书而不能运用，则所读书等于废纸。
> ——华盛顿（美国政治家）

所以说，读书切记要同时在实践中加以运用，因为现实中的事件是复杂多变的。要具体情况具体分析，通过实践来吸收、消化书中的精华。读书是为了运用，为了实践，知识只有运用到实践中才会看出是有益的还是无用的。

如何运用实践读书法来获取更多正确有益的知识呢？下面是给您的几点建议。

● 留心观察身边的事物，做生活的有心人。

● 边读边验证，从自己或别人的实践中检验知识的真伪，衡量知识的价值。

● 对书本上的知识力求熟练掌握，以达到运用自如的目的。

● 灵活运用知识，不可照本宣科，死背教条。

● 在读书实践中，不要仅仅局限于书里的内容，而要对书本知识加以补充和扩展。

歌德曾说过这样一句话："理论是灰色的，而生活之树长青。"如果把书本知识比作一条龙的话，实践就是它的眼睛。愿你能够用生活的画笔来使知识这条巨龙腾飞。

从"知识的导游图"起步
——目录读书法

不少读者拿到一本书，往往是从正文第一页连续读到最后一页，常常把一本书的简介、目录、索引等部分给忽略掉。这些读者从不事先想一想：这本书的主要内容是什么？编写格式和文章组织形式又是什么？读这本书的主要目的是什么？

一本书的正文固然重要，但为了读好正文，节省时间，获取更多的有用信息，在读书开始时，我们不妨在书的前言、简介、序文、凡例上花些时间，采用阅读目录的读书方法，这就是本文要阐述的目录读书法。

目录读书法就是按照目录去读书的方法。它主要包括三种形式。

一、目录法

这种方法主要在阅读某一种书时使用。目录是一部书的纲要，通过它可以看出该书的梗概。认真阅读目录可以对该书的全貌有所了解，可以指导读好这部书。

二、索引法

这种方法既适用于读某一种书，也适用于阅读内容相关的多种书。具体做法是：对于同一种书，阅读时，将书的具体内容做成索引式目录，按一定规则排列起来，以便于读者以后使用时查检。对于内容相关的多种图书，则要视其数量的多少。数量多者，只需对所有的图书的书名做一个明确的书目索引；数量少而且内容重要者，则要针对书中的具体内容做出较为精练的内容索引。

目录和索引两者之间联系是极其密切的。目录比较概括系统，但比较粗。通过阅读目录可以了解该书论述的主要内容和系统，得到一个全貌的了解；书末索引可以将书籍内分散的、零碎的、孤立的，但是具有实质性的一些事实、概念、数据抽出来，按一定规则编排成一定的次序，使读者便于查找。目录和索引指引读书的目的是一致的，只不过编排角度及方法不同，两者是相辅相成，彼此配合，互为补充的，只要充分利用目录和索引就可更加完备，起到读书指导作用。

> 目录之学，学中第一要紧事，必以此问途，方能得其门而入。
> ——王鸣盛（清代学者）

三、书目法

书目就是把图书以不同的编排方式（按作者、书名、主题等），通过卡片或书签乃至计算机程序编排起来，读者以此检索或查找图书，此种方法，即为书目法。清代学者王鸣盛称此种读书方法为"撒网而渔"法。就是把知识比作"鱼"，把书目比作"渔网"。"撒网而渔"，就是把"书目"这个"渔网"，在书海中全面搜索，在同类著作中，辨别何者优，何者次，何者先读，何者后读。按着选其优者先读、精读的原则去读书，就能做到"书山攀捷径，学海荡快舟"了。

历史学家牟润孙谈治学经历时说："虽然我少年时代求知欲很

强，但以前不知道什么书应该去读，更不知研究学问应从如何入门。十五岁那年在《晨报》上看到梁启超的《中学入门书要目及其读书法》，才引导我走向读书治学的路。"

历史上许多学者的读书成才之路是从目录学起步的。目录学对于学者的重要，就犹如我们第一次浏览著名风景区，总喜欢先买张导游图，看看哪里是最值得观赏的景致，走哪条路线最合适一样，治学也要先看看知识的导游图——目录学，摸清可以捷足先登的门径。

由此可见，目录读书法，是读者读书较为快捷的一种读书方法，它使读书者既节省了时间，又能准确获取知识。

"凡读书须识货，方不用错工夫。"一句话道出了目录读书法的绝妙之处。

工欲善其事，必先利其器
——工具书读书法

当你认真地研读一本书时，你往往感到需要查检另一些书来配合着读，这些书籍即为工具书，这种读书方法即工具书读书法。

工具书，顾名思义就是在学习中能当做工具的书。与普通书籍比较，它具有收录广泛、编排特殊、专供查阅、使用方便等特点。如果我们能够熟练地运用工具书，那么在读书时就如同插上了智慧的翅膀，可以在知识的海洋中自由翱翔。

工具书读书法真的有这么神奇吗？

当然，因为工具书能帮助我们找到学习的门径。

清朝官员张之洞曾主持四川的科举考试，当他看到有些人胡子都白了还考不中秀才，就批评他们"不知读书"。当有些人问他应该读些什么书，他就写了一本《书目问答》，列举了经史子集各类书 2200 种。

鲁迅曾经说过："我们以为要弄旧的，倒不如姑且靠着张之洞的《书目问答》去摸门径。"当然，一百多年前的《书目问答》已不能满足今天的需要了。近年来出版了许多适合我们使用的这类书籍，如《中国古典文学名著题解》等等。靠这类工具书，就能使读者获得学习某一学科必读图书的信息，从而以最快的速度跨入该学科的大门。

另外，工具书能帮助我们解答读书中遇到的问题。

如果在读书时遇到生僻的字词，你需要查字典；如果不知道我国古代的年、月、日如何换算成公历，你需翻翻历书。这是读书中常碰到的问题，虽是小事，但如处理不好，对读书的效率影响很大。你可能为了解决某一问题，花费了大量时间，翻查了许多书籍，始终不得其解。这时，就体现出工具书的妙用了。所以善于读书的人都要结交一位"好友"——工具书。

工具书分哪些类别呢？一般说来，可分十大类：

● 书目：是记录图书名称、作者、卷册、版本的工具书。如《全国总书目》《司马迁著作及其研究资料目录》等。

● 索引：是将书报中的内容编为条目排列，供人们查找的工具书。如《全国报刊索引》《文学论文索引》等。

● 字典辞典：是解释字词的形、声、义几种用法的工具书。如《新华字典》《简明哲学辞典》等。

● 年鉴：是汇集一年内重要事实文集和统计资料的工具书。如《中国年鉴》《世界知识年鉴》等。

● 手册：是汇集某一方面需要查阅的文献资料的工

> 一切书都不会告诉你现成的公式或是什么秘诀……
> ——瞿秋白（现代文学评论家）

具书，包括某一专业的基础知识及一些基本公式数据规律条例。如《中华人民共和国法规汇编》《地名手册》等。

● 年表历表：是按年代顺序用表格形式编制的查考时间或大事记的工具书。如《中国历史年表》等。

● 图录：是用图像表现事物的工具书。如《中国地图》《中国历史地图集》等。

● 政书：是汇编历代或某一朝代政治经济文化制度方面资料的工具书。如《文献通考》等。

● 类书：是辑录古代群书中各门类或某一门类资料的工具书。如《太平御览》等。

● 百科全书：是综合或专科性的科学文化知识的汇编。如《中国医药大百科全书》《中国大百科全书》等。

既然有这么多种类的工具书，那么如何使用呢？

第一，我们要熟悉并掌握工具书的各种排检方法，例如"部首检字法"、"拼音检字法"、"四角号码检字法"等等，使自己拿到工具书，便能迅速找到需要的材料或答案。

第二，如果拿到编制较复杂的大部头工具书，先要仔细阅读它的凡例和序跋，弄清他们收编的时限和取材范围，以及它所使用的符号或省略语的含义，不要在没弄清前就匆匆查阅，以致耽误时间或漏掉资料。

第三，要学会带着问题准确地选择工具书，也就是说，遇到难题后知道上哪里查资料。例如，查检字词，一般可查《新华字典》《现代汉语词典》《辞海》等；查考人物，一般可查《中国人名大辞典》《历代人物辞典》等；查找古诗文；常见的可查找《中国历代文学作品选》《中国历代文论选》。查找年代可找《中国历史年表》等。

以上介绍的只是工具书读书法的一些内容。如果我们全面学会使用"工具书读书法"，便可大大提高学习效率，开拓视野，逐步培养起独立研究的能力。

"工欲善其事，必先利其器。"对于读者来说，工具书就是读书治学的"利器"。

活化知识的酶
——联想读书法

我们每个人在阅读时，会时常出现一种思维跳跃的现象：就是由我们读到的知识突然想到另一种相关事物或表面并不相关而又有内在联系的事物。如：看到诸葛亮，我们就会想到小说《三国演义》里的借东风、三顾茅庐；看到达·芬奇，我们会自然地想到名画"蒙娜丽莎"……这种读书时的精神"溜号"实际就是联想。

会读书的人常常读到一定的地方停下来，联系书中的内容展开联想。这种读书方法不但可以让我们灵活运用学过的东西，又可以把我们学过的知识联系起来打破学科的界限。

《孙子兵法》是我国古代军事学中一部经典性的权威著作。很多人，包括一些专家学者只偏重于为此书作解注释，甚至为某条解释而长期争执不休。而国外的很多人却在阅读时运用了联想的读书方法，把它应用到实际当中去。如：美国的军事学家们从中汲取合理内核，悟出了"核威慑战略"。日本许多企业家更把它移植应用到企业管理中去，结果取得了很大的成功。

《三国演义》也是我国的一部优秀的古典小说，它本属于文学范畴，但日本的一些有识之士却通过运用联想读书法，把它的内涵推广到其他领域。像专门研究兵法的大桥武夫认为："《三国演义》是一本探讨如何分析形势，调动有利因素，战胜对手，壮大自己的书，值得日本企业家好好研读。"著名的松下电器公司老板松下幸之助就善于应用诸葛亮的战略战术，使该企业成为日本大企业之一。可见合理地运用联想读书法不但可以把书本上的知识展开，使学到的知识在实际生活中得以发挥作用，还可能在某点上产生创造性的突破。

我们读书时免不了要对某章某节或整篇文章背诵，如果只是死记硬背，就非常困难，而且又容易忘记。运用联想读书法记忆，那情况就不一样了。比如，问美国和日本国土是什么形状，能马上答出的只有很内行的地理通。一般人不知道是不足为怪的。而如果问意大利国土的形状，则大多数人都知道。这是为什么呢？因为它像一只我们非常熟悉的靴子。把它与意大利的形状联想起来记忆就不容易忘记了。

曾经有一位名人说过："记忆的基本规律，就是把新的信息和已知的事物进行联想。"联想是世界上公认的"记忆秘诀"，也是一种记忆的诀窍。

联想离不开联系和想象。所以在运用联想读书法时一定要广泛联系，充分想象。

联想不是无缘无故产生的，它需要一定的条件和基础。大千世界里，各种客观事物虽然形态各异，性质、成因、用途都不相同，但它们之间总是存在着直接的、间接的，这样的或那样的联系。事物之间或多或少地存在着程度不同的共性，这就是联想的基础。

> 智慧和幻想对于我们的知识是同样必要的，它们在科学上也具有同等地位。
> ——李比希（德国化学家）

例如：朱自清的散文《荷塘月色》中有这样一段："塘中的月色并不均匀，但光与影有着和谐的旋律，如梵婀玲（小提琴）上奏着的名曲。"这里月色和小提琴之间并没有什么联系，但作者却凭借灵活、敏捷的思维将"月色"同"小提琴"联系起来。当我们阅读到这一段时，读者就可以充分发挥自己的联想能力了。

古希腊哲学家阿波罗尼斯说过："模仿只能创造所见到的事物，而想象连它所没见过的事物也能创造。"对读书而言，想象是一种特殊的联想，它能使我们用别人的眼睛看到我们没见过的东西，同别人一起体验那些我们没有亲身体验过的东西。

通过想象还可以加深我们对作品思想内容的理解。比如，在阅读《白杨礼赞》这篇文章时，如果我们善于想象，那么就能在心里建立起白杨树笔直、向上、傲然耸立的高大形象，从而深刻地领会到白杨树所象征的中华民族那种力争上游，不屈不挠的斗争精神。

联想能带给读者一个可以自由翱翔的天空，但绝对不是随意的胡思乱想。

● 联想是建立在充分理解基础上的。要想展开联想，就必须认真阅读和仔细体会文章的意思，一旦领悟，想象就接踵而来了。

● 联想还要有一定的知识积累和积极向上的态度。

● 联想不能脱离社会实践。要保证联想沿着正确的轨道前进，就必须保证它们基础和起点的正确性，也就是必须重视社会实践的作用。如果脱离了社会实践，联想就成了无源之水、无本之木。反之，社会实践积累得越多越广，联想的空间也越宽越广。

联想就像神话故事里的飞毯一样，只要学会驾驭它，就能随时随地飞往任何地方。

忘却是为了更好地记忆
——忘书读书法

物理学家爱因斯坦从小就迷恋物理学，在创立了著名的相对论后，声誉鹊起，一跃而被视为当时最伟大的科学家。按说，这位物理学界的泰斗对不锈钢的成分这种简单的知识应该是了如指掌的吧。然而，当有人问他这一问题时，他居然建议人家说："你去查查《冶金手册》吧。"又有人问他从纽约到芝加哥有多少英里，爱因斯坦耸耸肩，坦率而又俏皮地说："实在对不起，我记不住，你可以去查《铁路交通》。"

对这样简单的问题，难道爱因斯坦真的不知道吗？回答当然是否定的。对这件事，爱因斯坦是这样解释的："我从来不记在词典上已经印有的东西，我的记忆是用来记书本上还没有的东西。"爱因斯坦的读书方法是，在阅读过程中找出可以把自己引向深处的东西，而抛弃使头脑负担过重和会把自己诱离要点的一切东西。通过这种方法，去粗取精，把握要点，吸取有益的核心知识。爱因斯坦的这种读书方法就是"忘书读书法"。

提到忘书读书法，一定会有人问："如果把读过的书都忘了，那不是失去了读书的意义吗？"其实不然，我们这里所说的忘记，并不是要把我们读到的知识从大脑中彻底抹掉，而是通过另一种方式存储在大脑中。

在当前信息社会里，人们的大脑每天要承受来自各个方面的大量信息，要想把读过的书每句话都记住，对大脑无疑是个沉重的负担，实际上也是办不到的。更何况有些书根本就不值得背。

当然这并不是说我们看书就可以走马观花，不求甚解。对一些需要我们记忆的东西我们还是要记住的。比如：几何学的定理、公式，化学里元素的分子量等等。虽然有一些书籍的详细内容不需要我们记忆，但我们却要记住它们的"门牌号码"。以后用到时，就可以按号查找了。像爱因斯坦，他显然是浏览过《冶金手册》、《铁路交通》这类书籍的。因此，人们读书后，对一般的材料只要记住"门牌号码"，知道什么材料到什么地方去找，就不必再费力背诵了。这就可以把记忆的任务让书籍为我们分担一部分，而把主要精力用来记住最重要的和经常要用的知识。

> 记忆的目的是为了便于思索、理解和运用。有条理地"忘记"也是这样。
> ——编者

知识的储存有外储与内储两种。外储就是储存在大脑之外的知识，如做笔记、记卡片、编索引，还有工具书、电脑等。内储，是指把所需的知识储存在自己的大脑这一信息库里。两者不可偏废。忽视知识内储的人，会导致思想迟钝；忽视知识外储的人，不是记忆负担过重，就是积累太少，供不应求。理想的读书境界，应该是使自己的内存知识和外存知识形成一个有机的知识体系，造成一个沟通创造性思维道路的知识之网。

记忆的目的是为了便于思索、理解和运用。有条理地"忘记"也是这样。

如果忘记可以解放一部分脑力来发展创造，那么，读书时不妨适当地忘记。

凭个人的爱好读书
——兴趣读书法

长期以来，一提起读书，很多人都认为读书一定要有明确的目的。例如，学生要为学习而读书；作家要为创作而读书；老师要为教学而读书。其实，在工作或学习之余利用闲暇时间，凭借自己的兴趣，轻松自在地读一些自己喜欢的书，虽然目的不十分明确，但也不能不称之为一种很好的读书方法。

柏拉图曾说："强迫学习的东西是不会保存在心里的。"读书也是这样，拿起一本自己一点都不感兴趣的书，是无论如何也读不下去的，即使强迫自己读了，那也是走马观花。

英国小说家毛姆就非常赞成兴趣读书法。他说"不论学者们对一本书如何评价，纵然他们异口同声地大加赞扬，若是它不能引起你的兴趣，对你来说，这本书仍然没有多少味道"，而一旦对一本书有了兴趣，养成了阅读的习惯，"就等于为自己筑起了一个避难所，生命中有任何灾难降临的时候，往书本里一钻，是个好办法"。毛姆接着又风趣地说："不过，我指的灾难，并不包括饥饿的痛苦和失恋的悲哀，这两者光靠读书是缓解不了的。然而，身边放五六本精彩的侦探小说，手捧一个热水袋，却能使人不在乎患了重感冒。"

兴趣读书法往往可以使我们凭兴趣去选择读物，凭兴趣去阅读文章的某些章节而跳过不感兴趣的部分，凭兴趣决定阅读的数量和时间。我们通过这种看似无目的的阅读，不但可以寻求娱乐和心理的满足，而且还受到情感陶冶，获得精神上的享受。

作家邓友梅在谈到读书方法时说："当一个人接受了文学理论的正规训练后，读书往往受到束缚，再没有以前读书那种完全投入、如醉如痴的快感了！"只有"兴趣所至"地阅读，"才重又享受到了读书的乐趣"。他说："倒是那些随意而读、兴趣极浓、全心投入、不抱什么学习借鉴目的而读的'闲书'，久久不忘，在我写作时有形无形得到了帮助。"

当然，兴趣阅读也有它负面的影响。健康、高尚的兴趣阅读，可以在娱乐中受到美的教育，并获得有关社会、生活、自然等多方面的有益知识。而缺乏选择的兴趣阅读却为一些内容消极、趣味低级、愚昧落后的书刊提供了传播的机会。尤其是青少年，会给他们带来很多不利的影响。所以家长和学校一定要给予正确的引导。此外，兴趣阅读容易导致一种懒散盲目的阅读倾向，所以，读书时不能把这种读书方法作为主导，应把它作为其他读书方法的辅助方法。

不论做任何事情，只要在感兴趣的基础上，就能发挥人的最大潜能。

充分发挥自己的优势
——个性读书法

俗话说："骏马能历险，耕田不如牛；大车能载重，渡河不如舟。舍己以就短，智者难为谋。生才贵适用，慎勿多苟求。"意思是说，事物有长短，如果扬长避短，自能事半功倍。那么，什么是个性读书法呢？我们说，人的性格、才能、基础、兴趣、气质、潜力各不相同。如果能够正确地认识与解剖自己，根据自身的情况和特点，最大限度地发挥自己的才能和潜力，就能达到高速度、高质量地读书。这就是个性读书法。

读书要取得成果，就必须清醒地评价自己、估量自己、扬己之长、避己之短，充分发挥自己的优势和潜力。

青年朋友一定知晓现代文学家郁达夫弃医从文的故事吧。郁达夫祖上世代行医，他到日本留学，也是学医。当时学医必须学德语，郁达夫经过努力学习懂得德语后，读了大量歌德、海涅、席勒等人的作品。文学作品吸引了他，并对文学创作产生了浓厚的兴趣。这时，他认识到自己从文比学医更为合适，便弃医从文。数年后，郁达夫蜚声中国文坛。

我国古代一些思想家早就十分重视对人的性格的研究，并留下许多宝贵的见解。随着科学的进步和发展，对人的性格的分类更为科学了。一些专家从生理特征、心理特征来划分不同类型的人。了解这种类型的划分对读书学习是十分重要的。青年朋友可根据自己属哪种类型的人，来确定自己的读书方法。

从人的生理特征上来分,可以把人分为"猫头鹰"型、"百灵鸟"型和混合型三种。

● "猫头鹰"型。这类人一到夜晚,脑细胞随之转入兴奋状态,思路敏捷,精力旺盛,文思泉涌,读书效率极高。

● "百灵鸟"型。这类人在金鸡报晓之时,大脑细胞呈现出异常活跃的状态,因此,在白天特别是清晨读书效率较高。

● 混合型。这类人不如"猫头鹰"、"百灵鸟"型脑细胞兴奋期受时间控制的现象明显,只要在充足的时间休息后,就能够高效率地读书学习。属于混合型的人,只要利用最有利的时间读书学习,一定可以取得较好的读书效果。

从人的心理特征来分,可以把人分为混合型、经验型和探索型三种。

● 混合型。这类人勤于探索,但又时有传统思维的束缚。这类人,就要正确把握自己,根据自己的需要来选择最佳的读书方法。

> 一个人不论赋有什么样的才能,他如果不知道自己有这种才能,并且不形成适合于自己才能的计划,那种才能对他便完全无用。
> ——休谟(英国哲学家)

● 经验型。这类人在读书时,基本上是循序渐进地阅读学习。这种类型的人善于思索、推理。在读书过程中,他们对前人的观点、结论善于认真研究,以便更好地吸收为己所用。但是,这种类型的人,最大的弱点,就是缺乏创造性。因此,在读书时,必须克服畏惧的心理,充分发挥自己的聪明才智,增强创造因素,使读书更加扎实、牢固。

● 探索型。这类人才思敏捷,不畏风险,勇于探索和向权威挑战。他们对自己的理想和信念,坚定不移,并有着丰富的想象力和创造力。

每个人应充分认识本身的特殊性格,并要善于发挥,如美国前总统林肯有个习惯,每当他坐在椅子上读书时,总是把脚放在桌子或窗台上，并使身体向后仰。他这个习惯是年轻时在杂货铺干活时养成的，一直延续下来。据说换一种方式读书，效果就会明显下降。还有日本物理学家汤川秀树习惯于夜间躺在床上产生灵感，他关于传递核力的介子的预言，就是这样产生的。

从上述实例可以看出读书有不同的最佳效率时间，也就是最佳用脑时间。在这个时间里，人的脑细胞处于高度兴奋状态，富有创造力和想象力，大脑接受信息、整理信息和贮存信息的效率，比其他时间要高。在自己一天中最佳效率时间用脑，就容易收到比较显著的效果。

就多数人的感受而言，清晨是用脑的黄金时刻，那就应该普遍利用，不可轻易抛弃。

我们生命的节奏，竟是这样随着昼夜的交替而有规律地波动。那么，怎样才能充分利用一天中最显效的时间呢？

一要摸清规律。就是通过平时读书的观察和体验，摸清自己用脑的最佳时间。

二要恰当安排。就是把艰深的学习内容和创造性的脑力劳动，尽可能安排在每天的最佳用脑时间去做。

三要经常坚持。就是把每天在最佳时间用脑，养成习惯。坚持长期利用最显效的时间学习，就像条件反射一样，每到这段时间，头脑就异常活跃起来，从而产生强烈的求知欲和创作欲。

莫要拧乱自己身上的"生物钟"，要充分利用它所鸣报的最佳时间去读书和创造！只有这样，个性读书之花，才能结出丰硕的知识之果。

知识和智慧在集体中闪光
——群体读书法

在知识经济时代，如何在有限的时间内努力跟上时代的步伐，增长知识，与世界同行？这里向青年朋友介绍一种简便易行的读书方法——群体读书法。它将对你的读书学习大有裨益，将伴你在知识大潮中做时代的弄潮儿！

什么是群体读书法呢？顾名思义，就是和大家在一起学习、讨论，以达到取长补短共同提高的目的。

我们都生活在一个社会群体中，年龄有老有少，知识和学识不尽相同，知识水平也各有高低。但由于求知欲、上进心和兴趣以及环境等主客观因素，人们便有机地组合在一起读书学习、发明创造，共闯难关。因而，我们称之为群体读书。群体读书法具有以下五大特点：

● 自觉性高。由于学习群体志愿组成，又志同道合，兴趣相近，有一定的凝聚力，因此都有较高的主动性、积极性和自觉性。在这样的群体中一定能取得较好的读书效果。

● 学以致用。一般来讲，读书都有一定的目的，概括地说学是手段，用才是目的。反过来，应用又会促进更深入的学习，并巩固以往所学的知识。群体读书法是一种学用结合的方法，可将自己的疑难问题交大家一起讨论，重大疑难问题还可以组织起来，联合攻关，以达释疑解难的目的。

● 发挥特长。在这个群体中，每个人的智力、实践和阅历都是有限的，有的人学识渊博，但实践经验不足；有的人踏实肯干，但基础很弱。总之是"寸有所长，尺有所短"，各有千秋。取众人之长，补己之短可说是群体读书法的显著特征。

● 开阔思路。群体读书法运用大家的鉴别能力，可以排除个人思维的消极影响和偏激，从而保证每个成员调整思路。同时，每个成员有不同的认识和见解，通过充分讨论，不但对问题有了更深的理解，而且使每个成员的思路开阔，拓宽自身的知识面。

● 克服自卑，树立自信。自卑往往是由于自身的知识水平较低，经验不足，技能不高，以及客观条件不好等诸多因素引起的。产生自卑感后，往往是妄自菲薄，自己看不起自己。在学习群体中，大家平等相待，没有高低贵贱之分，谁都有长处，人人都是学生，同时人人又都是老师，谁都有机会为别人讲解知识，这就有利于调整人的自卑心态，重新树立自信心，正确认识自己。

读书群体的组成以志愿为原则，志愿参加，自由组合。兴趣相投的人组合在一起，这样就会有较高的主动性和积极性，能增强大家的参与意识和活跃程度。

一般说来，群体读书法以下述两种较为典型和实用：一种是集中读书，

个人如果单靠自己，置身于集体的关系之外，置身于任何团体民众的伟大思想的范围之外，就会变成怠惰的、保守的，与生活发展相敌对的人。
——高尔基（苏联文学家）

提出问题，一起讨论，然后每个人根据问题的分工，分头去查阅资料，进一步理解和消化，再集中讨论，每个人畅谈查阅资料后的体会和理解。另一种是提出课题，各人分头学习，再集中讨论，提出见解，最后是综合。通常，前者多用于学习新知识，后者多用于应用提高。

为用而学未为晚
——用而求学读书法

在众多的读书方法中，有一种目的最明确、收效最直接的方法——用而求学读书法。冯英子在谈到他的读书经验时曾说："人说学以致用，我倒是用而求学，倘说我的读书生活，其实就是一面工作，一面学习的过程。书到用时方恨少，我是为了用而逼着自己去学的。这种用而求学的学习方法，可以收到立竿见影的效果。"

抗日战争开始，冯英子被派到前线去做战地记者。跑战地不同于跑地方新闻，要有地理知识，更要有军事知识。这对于他这个只读了 5 年私塾的青年记者来说，是一个大的难题。为此，他如饥似渴地读了一些历史、地理和军事方面的书籍。

1940 年，根据历史上几次溯长江西上仰攻四川的失败，冯英子写了一篇《论荆宜之战》的文章，论证日军不可能攻入四川。更让人惊叹的是全国解放前夕，冯英子在香港用"吴士铭"的笔名，撰写了大量军事评论，纵观时势，分析胜负，准确有利地抨击了国民党的要害，大大地鼓舞了人民的斗志。

全国解放后，冯英子转而从事国际问题研究和撰写国际小品文，于是他又开始攻读有关国际问题方面的书籍，包括英国史、美国史、非洲史，特别是第二次世界大战后的有关史料以及有关国际问题的文学作品。通过学习，不仅使他了解了国际形势的发展，也增加和丰富了这方面的知识，给工作带来了许多方便，收获甚大。

可见，用而求学实在是读书学习的一个好方法。俗话说，为学而学，烟云飘过，为用而学，人心揣摩。单纯地为学而学，读过的东西像过眼烟云，很难留下印象。为用而学就会细心揣摩读过的东西，以资借鉴，在头脑中留下深刻的烙印。现在许多参加工作后在学习事业上有所成就的人，几乎都走过这条路。

既然用而求学的读书方法能给我们带来丰厚的收获。我们怎样利用它呢？

一、边想边读

这里的"想"，即指创作的欲望、创作的构思过程。我们读书的目的，不是为了读书而读书，应学以致用，学用结合。就写作来说，你要写哪一种体裁、风格、流派的文章，你就去读这种体裁、风格、流派的作品，反复地阅读，读懂、读通，仔细地推敲，灵活运用书上的一切。当然，对于自己想写的东西，则必须意由己出，形随意变，不能因袭别人的观点，死记别人的句子。这种阅读方法吸收量极大，效能极高。

二、边写边读

写是对自己读书效果的鉴定，读是补救知识不足的措施。边写边读，可以推动读书向深入发展，逼着你更专心地读书，更全面地收集参考书籍和资料，更深刻地领会书籍的含义，进一步提高思考能力和创造能力。

三、边干边读

干就是实践，也是知识的支出。我们每个人都会有这样的经历和体会：当接受一项新的工作任务时，尽管自以为有一定的知识积累，但一动手就暴露了自己的无知，发现了学习上的漏洞。正是"书到用时方恨少，愈用愈觉是贫儿"。

重新学习使我们又获得了能量。因为知识是前人生活工作经验的结晶。不断地读书学习，知识的积累就越丰富，我们遇到的难题和困难就不难解决了。只有这样不断地实践、学习，再实践、再学习，我们才能不断地进取。正如一位作者所言：常嫌不足，学海无边，茅塞顿开，得宜匪浅。

书到用时方恨少，急来临时"抱佛脚"。为用而学未为晚，立竿见影有成效。

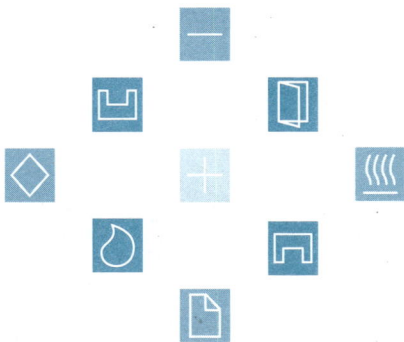

无书仍可读书
——回忆读书法

巴金曾在《读书》杂志上撰写的一篇文章里谈到这样一件事："我第二次住院治疗，每天午睡不到一小时，就下床坐在小沙发上，等候护士同志两点钟来量体温。我坐着一动也不动但并没有打瞌睡。我的脑子不肯休息，它在回忆我过去读过的一些书、一些作品，好像它想在我的记忆力完全衰退之前，保留下一点美好的东西。"这就是著名作家巴金的一种读书方法—回忆法。

所谓"回忆读书法"，就是静坐在那里，回忆曾经读过的书。这是一种奇特的读书方法，因为它是在没有书的情况下进行的。

回忆读书法有多种形式。我们怎样利用此法帮助我们学习呢？

一、用尝试回忆法帮助我们记忆学习过的知识

我们将看过的书、学过的知识，看一点，记一点，写一点，循环往复。每记一段一节一部分内容时，就合上书本回忆一下，再用笔写出来。通过这样有意识的记忆和想象，再把它回忆出来，有助于我们牢记学过的知识。

二、用联想回忆法"牵引"回忆起有关的另一事物，一步步把我们所需的材料回忆出来

这种方法在我们阅读学习中有很大作用。如回忆一些记得不牢固的历史事件、文学形象、数学公式、物理化学公式、考试中的问答题、填空题等，都需要我们运用联想进行回忆。

联想回忆法可分为接近联想回忆法、类似联想回忆法、对比联想回忆法三种基本类型，所以运用此法选择

> 思想之流持续不断，……有一些是当下就立即被遗忘了，另一些在记忆中保持了几分钟、几小时或几天，再有一些则在记忆中留下了不可磨灭的烙印。
> ——威廉·詹姆斯（美国心理学家）

何种类型很主要。在同一联想类型中，选择何种联想中介物又是十分关键的。选择得好就会豁然开朗，一下子回忆起来某种材料或解题方法；选择得不好，有时十分简单的问题也会卡壳，百思不得其解。

三、用推算回忆法帮助我们记忆有关数字和历史年代

推算回忆法就是运用各种运算方法，从已经记住的数字，推算出需要记忆的数字。例如，抗日战争共经历了 8 年，1937 年抗战开始，再加 8 年就是抗战结束的 1945 年。又如，1911 年发生辛亥革命，1921 年中国共产党成立，1931 年发生"九一八事变"，1941 年发生"皖南事变"。这些事件本无因果关系，但相隔时间恰好是 10 年。所以就有规律可循。

运用回忆法应注意以下问题。

首先，我们要有毅力和判断力。当急需某种材料而又由于种种原因回忆不起来时，要有毅力克服困难，努力寻找有关线索。对回忆起来的材料，要分析判断，去伪存真，从多方面验证回忆的结果。

其次，回忆中要注意排除干扰。有时相似材料的混淆，某种材料的反复重现，都会阻碍所需材料的重现；过度的疲劳，环境不适、情绪紧张，也会造成大脑抑制，妨碍回忆。这时，不妨中断回忆，转移注意力，放松镇静一下，解除大脑的抑制状态后再进行回忆。

回忆可以打开记忆的闸门，让所学的知识滔滔不绝地流淌出来。

善于利用时间的边角余料
——25 分钟读书法

　　当今社会，生活节奏加快，形势瞬息万变。时间对于每个人来说，是那样的重要和宝贵！在激烈的竞争中，人们逐渐懂得：如果不抓紧时间读书来尽量充实自己，掌握更多的信息，就会被迅速发展、日益变化的社会所淘汰。

　　毋庸质疑，读书贵在坚持。历史上的名人，许多是坚持每天读书的。孙中山先生一生酷爱读书，他曾说："我一生的嗜好，除革命之外，只有好读书。我一天不读书，便不能生活。"爱迪生给自己规定，每天要读 3 本书。斯大林每天日理万机，但他的桌子上总是放着很多书刊。别人问他："您有时间读这些书吗？"斯大林笑着说："无论如何，我每天要读 500 页书……这是我的定额。"

　　每天能有大量的时间来读书固然不错，然而，对于整天忙于繁杂工作事务的上班族或被繁重的功课压得喘不过气来的学生们来说，要每天拿出两三个小时的整块时间来读书，几乎是无法实现的奢望。在这种情况下，如果能坚持每天用时间的边角余料读一点书，久而久之，也会积少成多，见到成效。这就是本篇将要介绍的"25 分钟读书法"。

　　根据美国心理学家和效率研究专家 M·J·莱利博士的研究，人能够集中精力的限度是 25 分钟，如果超过 25 分钟，就要分散精力。所以，每天拿出 25 分钟的业余时间集中精力读书，这种方法就叫做 25 分钟读书法。

心理学实验证明，人们在25分钟的时间里，一般的书可以读20页，约15000字。如果每天坚持，一个月就是600页，一年的阅读量就相当于读24本300页的书。

每天25分钟从哪里来？如果安排合理，这点时间并不难挤出。除去睡眠时间不宜压缩外，其余如吃饭、做菜、采购、娱乐、家务等等都是可以压缩的。在这方面，前人给我们做出了很好的榜样。欧阳修利用"三上"时间（马上、枕上、厕上）读书；德国科学家魏格纳在生病卧床时，仍不忘读书，于是对南美大陆东海岸与非洲大陆西海岸的形状相似产生了疑问，因而开始研究"大陆漂移"理论。

苏联昆虫学家柳比歇夫说："我在全苏植物保护研究所工作的时候，常常出差。一般我要带一定数量的书上火车。如果是长期出差，我就把书打成邮件，寄到工作的地点。

柳比歇夫在其短促的一生中，发表了70余部学术著作，写了一万二千五百多张打字稿的论文专著。他取得这么多令人吃惊的学术成就，显然是与他善于利用"时间的边角余料"来读书学习分不开的。

> 普通人耗神于如何打发时间，精干的人却耗神于如何有效利用时间。
> ——叔本华（德国哲学家）

无论是科学研究还是前人经验都雄辩地证明，每日坚持读一点书，哪怕只有25分钟，只要能坚持下去，必有好处。

但要切实施行25分钟读书法，并不是没有一点问题。莱利博士曾说，虽然实行了25分钟读书法，但是确实做好的只有最初的几个月，以后就停止了。要想等待以后有25分钟的时间再继续做下去，结果是"明日复明日，明日何其多"。过了一周，甚至于过了一个月，也无法再开始。

英国教育家斯宾塞在《教育论》中说："必须记住我们学习的时间是有限的。时间有限，不只由于人生短促，更是由于人事纷繁。

我们应力求把我们所有的时间用去做最有益的事情。"因此，要想改变拖延的恶习，必须下决心在每天早上开始工作前，就争取25分钟的时间来读书。必须养成习惯，每天切实坚持把握住25分钟来读书。那些成就卓著的历史名人尚能在百忙中挤出零碎时间来读书，对我们普通人来说，每天挤出25分钟来，就更应该不成问题了。

对于普通人来说，每天利用25分钟的零碎时间来读书，不仅可以增长知识，而且好处多多，乐趣多多：蒸饭的时候，可以看看小说；欣赏音乐的时候，可以翻阅杂志报纸；坐火车、乘轮船的旅途空闲中，可以看看书报……

也许就在这精力集中的25分钟里，你的思维插上了联想的翅膀，天马行空，无边无涯；也许一些奇特闪光的思想、才华横溢的文章、富有灵感的科研设计之类的才情火花，便奇迹般地迸溅出来了。生命在于运动，情思在于动脑。宁静固然利于创作，但乘车坐船时的晃动，似乎更可以达到欧阳修写《醉翁亭记》时的飘然境界，这也许是车船两边不断闪动变化的自然景观所触发的产物。这种"人闲心不闲"的内在活动，填补了人身运动中的时间空白。

如果我们在一天的开始，即使心中很厌烦也耐心地找出时间来读书，当充分享受到上述"零敲碎打"的读书乐趣并逐渐养成读书习惯以后，恐怕"假如有时间再说"之类的借口就不会再脱口而出了。

捷克人文主义思想家、教育家夸美纽斯在其著作《大教学论》中指出："时间应分配得精密，使每月、每天、每小时和每分钟都有它特殊的任务。"其实，我们所说的25分钟读书法，就是要求使用这种读书方法的读书者珍惜时间的每分每秒，充分利用时间的所有边角余料来读书。如果实在挤不出25分钟，那么20分钟、15分钟甚至10分钟也未尝不可。只要能经常坚持，同样能达到殊途同归、异曲同工之效。

在一个人的一生中，如果每天不间断地利用时间的边角余料来读书，可以培养多么广泛的兴趣，可以涉及到多么丰富的学科知识！

凡在事业上有所成就的人，无一不是利用时间的能手。

东方不亮西方亮
——迂回读书法

长沙铁道学院李尉萱副教授，是一个由普通工人而自学成才的成功者。当初他自学时，没有老师的辅导和指点，在学习过程中遇到了许多难以想象的困难。有一年，他用仅有的工资千辛万苦配齐了一套5卷11册的《高等数学教程》。可是，打开这套书的第一册，李尉萱不由得愣住了：艰涩的术语，复杂的公式，简直像"天书"一般令人头晕目眩。

碰到一本难懂的书，怎么读下去呢？

对此，李尉萱采取了一种迂回读书法——东方不亮西方亮，这本书钻不通，就找来另一本内容相近而写法不同的书，借此打开通往第一本书的道路。如果还打不开，就再借助另一本……这种方法有点儿像在海滩礁石中拍照：你想到前面的一块礁石上去，如果一步跨不上去，可以左一蹦右一跳地拐上去。读书也是如此。通过迂回穿插，步步逼近，难懂的书就可以读下去了。当初，仅这部《高等数学教程》的第一卷，李尉萱就读了4年时间，其中不少时间就是花在"跳礁石"上的。

难题，是我们在读书时经常遇到的。有时碰到个障碍，十天半月也攻不下来，使许多人为此急得寝食难安，但仍然于事无补。因此，人们把难题叫做读书的"拦路虎"。对付这些难题，强攻当然是一法，然而，也有另一妙策可供一试。当我们碰到难啃的书时，不妨采用"迂回读书法"来寻找一下难题的突破点。

对于"迂回读书法",科学家钱伟长有一段精辟的论述:"碰到小问题,不是关键的问题,我们为什么不能绕过去、跨过去?比如走马路,会有很多障碍,有沟、石块什么的。有的人碰到沟、石块,他非得把沟填满,把石块搬掉才肯过去,把时间和精力泡进小问题里去了。其实,只要你跨过去,绕过去,就行。法国思想家、作家、怀疑论研究者蒙田读书也有他自己的一套经验:"如果在阅读中碰到什么难懂的地方,试一两次之后,我就不再去费心思了。"

由此可见,古今中外无数成功者的经验都告诉我们,迂回读书法是一种行之有效的读书方法。当读书遇到一些难题时,不要让它们成为阻碍我们读书进程的"绊脚石"。每当这时,我们不妨采取迂回的方法,或者从一个新的视角开辟解决问题的途径,或者干脆先来个"不求甚解",暂时把它们放在一边,绕开这些难题,继续读我们的书。

著名的文学家老舍生前说过:"读书,不可遇到什么读什么。不懂的放下,使我糊涂的放下,没趣味的放下。我管着书,不能叫书管着我。"虽然老舍先生已不在人世了,但

> 学者读书,先于易晓处沉涵熟复,切己致思,则他难晓者,涣然冰释矣。先看难晓处,终不能达。
> ——陆九渊(宋代哲学家)

老作家通过多年实践所得来的经验之谈,对我们青年人现实的读书活动,仍有着积极的指导意义。

青年人读书,是为了求知,是为建设未来而积蓄才能。读书本身应是一种充满乐趣的活动。书是"死"的,人是"活"的。读书不应该有什么固定的模式或框框,读书者更不能让书限制死。试想,如果我们抓住某一个小小的问题死抠不放,花费大量时间为之苦思冥想却不得其解,会耽误多少宝贵的读书时光,会剥夺多少读书的乐趣,会失去多少博览群书、扩大知识面的机会!

特别是在知识更新相当迅速的当今社会,也许当你费了九牛

二虎之力好不容易弄清楚一个问题后，却发现你刚刚获得的知识已经陈旧，大量新的更多的问题又摆在你面前。如此下去，你将始终处于一种被动的地位，总要"气喘吁吁"、疲惫不堪地忙于"扫除"读书路上的"拦路虎"，哪里还有更多的精力和时间去读新书，去学习新知识呢？

因此，青年人读书切不可钻牛角尖。要学会"迂回读书"：不懂的艰深问题换个角度去钻研；暂时阻碍我们读书的小问题先搁置一边。也许，随着读书者读书活动的深入，所学知识的丰富、完备，那些当初困扰我们的难题，很可能已不再称其为难题，头脑中的疑问也就会迎刃而解，所有的困难更是不攻自破了。

当然，我们给大家介绍的"迂回读书法"只不过是读书方法海洋中的一朵小"浪花"，而不是"放之四海而皆准"的"灵丹妙药"。青年朋友在读书实践中，千万不要对所有的疑问和困难都采用"迂回读书法"，遇到问题就绕着走。那样，对知识总是一知半解，浅尝辄止，终究会导致一事无成。

有时需要离开常走的大道，潜入森林，你就肯定会发现前所未见的东西。

兼学并蓄，收获颇丰
——一箭双雕读书法

南北朝时期，有个大将名叫长孙晟，他聪明能干，长于军事，善于射箭。

长孙晟在突厥期间，有一天，他和国王一道外出打猎。忽见空中有两只雕，国王随手给长孙晟两支箭，请他把雕射下来。长孙晟跑过去一看，两只雕正在争夺一块肉，于是拉弓搭箭一射，两只雕都被这一箭射中了。

这就是"一箭双雕"这个成语的来历。后来，"一箭双雕"就被人们用来比喻做一件事情能同时达到两种目的。这种一举两得的灵活方法，被许多古今学者广泛应用于读书学习的实践中，形成一种独特的读书方法——一箭双雕读书法。

我国现代著名哲学家艾思奇早年在日本留学时，除了钻研他最喜欢的功课——哲学之外，还必须学习日文等课程。他虽手不释卷，仍感到时间不足。怎样提高学习效率，学到更多的知识呢？他便创造出了"一箭双雕"的读书方法，来提高自己的读书效果。

艾思奇到书店买了一本日文版的《反杜林论》，一边学日文，一边学哲学。当他把这本日文版的《反杜林论》读完后，又买了一本德文版的《反杜林论》，同样边学德文边读书。于是，在这段日子里，艾思奇在哲学、日文、德文三个方面同时并进，一边学习外文，一边钻研哲学，结果，在反复阅读、不断思考中，既把《反杜林论》这本书读透了，日文和德文水平也有了显著的提高。

艾思奇创造的另一个方法可以说与他的"一箭双雕读书法"如出一辙，有着异曲同工之妙。在艾思奇的脑子里，经常装着一两个需要思考的问题，有空就想想。在读书、看报、听广播、交谈甚至参观时，遇到有关材料就记下来，不断丰富自己的思想，勤思苦想，久而久之自然瓜熟蒂落，问题尽早得到了解决。这种思考方法虽然不是直接用于读书，但不能不说，艾思奇的"一箭双雕"的思考方法，对于他的读书生活是大有裨益的。

既然"一箭双雕读书法"可以取得事半功倍的读书效果。那么，在什么情况下应该使用"一箭双雕读书法"呢？

> 创造性的一个最好的标志就在于选择题材之后，能把它加以充分的发挥，从而使得大家承认压根儿想不到会在这个题材里发现那么多的东西。
>
> ——歌德（德国诗人）

其一，读书者抱着一种明确的读书目的，要掌握或钻研某一学科的内容。当他精读一种图书遇到阻碍，百思不得其解时，就应该使用"一箭双雕读书法"，阅读各种形式的同类书籍，如其他语言的、其他载体的甚至图解方式的同种书籍；甚至还可以扩展到阅读与其钻研的学科相关的其他学科的书籍。经过这种"一箭双雕"的阅读，必定会辅助、加深、扩展读书者对该项学科的理解和研究，同时还掌握了其他的语言工具，对相关学科又有了一定的了解。

其二，如果读书者在阅读之前，就抱着两种截然不同的读书目的，那么，在其读书过程中，就会自觉地为实现这两种目的引导自己的思维去解决问题。这种读书活动，由于开始就抱着"一箭双雕"的目的，经过读书过程中有意识地支配自己的读书行为，必然也会导致"一箭双雕"的读书效果。

其三，读书者没有明确的针对某项专门学科的读书目的，只是为了掌握某种技能，比如学习一门外语，学习计算机的开发及应用等等。在这种情况下，为了使这种读书学习不至于枯燥无味，也应该使用"一箭双雕读书法"。

在当前的信息社会，人们越来越重视外语学习。许多外语学到一定程度的青年人会遇到这样一个情况：整天学习外语，背诵那些枯燥的单词，硬记那些生硬的语法，却又派不上用场，并且耽误了其他知识的学习。那么，能否找到一种以学习外语为主，以增加各种学科知识为辅的学习方法呢？这时就用到了"一箭双雕读书法"。

外语学习者可以采取翻译外语原文文章的办法，既学习了外语，又掌握了所翻译文章所涉及的知识，一举两得。例如，翻译一篇盐湖发电的文章，因为文中涉及到盐湖的形式，温差发电的原理，我国盐湖的分布等一系列问题，所以只有在涉及到的问题得到解答后，译文才能通顺、准确，质量才有保证。

由于所翻译的外文文章都含有一定的信息含量和知识内容，译者在翻译这些文章时，不管其愿意与否，都必须首先了解这些知识。所以，在一些故事情节或科学知识等内容"掺杂其间"之后，采用翻译形式进行的外语学习便不再枯燥无味，反而妙趣横生了。在翻译文章的过程中，激发了学习外语的积极性，翻译者潜移默化地理解并掌握了相应的外文单词及语法知识。不仅如此，通过"一箭双雕读书法"读书，还使外语学习者学到了外语之外的更多知识，扩大了知识面。

当然，不论在哪种情况下使用"一箭双雕读书法"，都应分清主次，时刻注意不要偏离了自己的主攻方向。比如在第一种情况下，即使阅读学科以外的知识，也只是为加深对所学知识的理解。作为一种参考，浏览大概即可，绝不能钻进牛角尖，死抠不放，使读书时的思维逐渐游离于主要内容之外，反而偏离了主攻方向。

农民在种植粮食时，期待的只是秋天的收获。到秋天时却发现秸秆也可用以做燃料、沤肥料、编制工艺品……

条条道路通罗马
——异想天开读书法

　　"异想天开"这个成语，本意是指奇特的想法从天外启发出来。据考证，它最早起源于宋代文学家苏轼的作品。在苏轼《次韵秦少章和钱蒙仲》（《诗集》卷三一）中有"鉴里移舟天外思，地中鸣角古来声"的诗句。诗中"天外思"，就是指来自意想不到之处的想法，意即离奇的想法。后来人们常常习惯于用"异想天开"来形容想法不切实际，非常离奇。

　　通常人们使用"异想天开"这个词，大都带有贬义。当我们把"异想天开"作为一种原则运用到读书实践中时，却发现，这种读书方法不仅已脱离了原词所具有的贬义，而且还能为读书带来意想不到的效果。

　　英国诗人、画家布莱克说："我必须另造一个系统；要不然，就得当别人的系统的奴隶了。"而运用"异想天开读书法"就是要求读书者摈弃循规蹈矩、墨守陈规的思维定势，采用常人所意想不到的方法，将与读书毫无必然联系，甚至非常离奇的事物与读书行为巧妙地结合起来，异想天开，独辟蹊径，创造出一种奇特的读书方式。

　　这里说的"异想"，是指要想出别人想不到的各种方法，调动主观和客观的一切积极因素，加快读书的进度。这样，往往能获得"天开"的成功。

　　战国时期的教育家荀况根据自己的读书体会，打比方说："吾尝而望矣，不如登高之博见也。登高而招，臂非加长也，而见者远；顺风而呼，声非加疾也，而闻者彰。假舆马者，非利足也，而致千里；假舟楫者，非能水也，而绝江河。君子生（性）非异也，善假于物也。"

人们之所以能"看得广"、"看得远"、"听得清楚"、"行致千里"、"横渡江河"，皆因借助于"登高"、"顺风"、"乘舆马"和"使用舟楫"等条件。对此，荀子直截了当地说，人并非生来有什么"特异功能"，而是善于利用一定的工具和事物的规律罢了。在这里，荀子把"假物"作为一个重要的学习方法提出来。在他看来，人们的天资并没有多大差别，只要善于充分利用客观条件，就能缩短成才的时间，收到意想不到的读书效果。

澳大利亚动物病理学家贝弗里奇曾说过："有重要的独创性贡献的科学家，常常是兴趣广泛的人，或是研究过他们专修学科之外科目的人。独创性常常在于发现两个或两个

> 越是受到压抑的东西，就越是拐弯抹角地寻找出路。
> ——瓦西列夫（保加利亚作家）

以上研究对象或设想之间的联系或相似之点，而原来以为这些对象或设想彼此没有关系。""异想天开读书法"采用的正是这种原理。

这则故事启示我们，人们有许多娱乐活动，只要安排得好，都可以帮助读书。有位学者曾说过："认真读书可犯不上发疯。当读书成为一种生命的享受时，才有不可遏制的吸引力与创造力。"这正是"异想天开读书法"要达到的一种读书境界。事实也确实如此，使用"异想天开读书法"读书，带给我们的最大益处就是"寓读于乐"，在个人的兴趣爱好"驱使"下进行读书，苦读不就变为一种乐趣与享受了吗？

所以说，读书时的"异想天开"最好与个人的兴趣爱好相结合。一个人的兴趣可以是多方面的，除了读书之外，还有人喜欢郊游、游泳、歌唱、看电视等等。兴趣多了，处理不当，就可能与读书产

生冲突与矛盾。但如果抓住个人爱好的兴奋点，异想天开地把个人最感兴趣的其他爱好与读书巧妙地相结合在一起，就能焕发出读书者极大的主观能动性：在其他兴趣中可以学到书本上没有的知识，书本上的知识推动其他爱好，其他爱好推动读书，这样读书就不是令人头痛的苦差事，而成为一种乐趣了。

古人云"诗中有画"。我国古代的著名诗篇中，吟咏祖国大好河山的名句为数不少。例如：谢灵运写会稽、永嘉山水；杜甫写巴蜀山水；柳宗元写永州山水……这些诗人所作的脍炙人口的诗句，是文化宝库中珍贵的遗产。如果我们结伴游览名胜古迹，就用得着"异想天开读书法"了。面对壮丽的河山、如画的美景，谁能不为之兴奋、为之感动！当一种抒发对自然热爱与赞美之情的强烈欲望从心底油然而升时，就可以与同伴相邀比赛吟诵描写风景的古诗、名句。既可以激发热爱祖国之情，使游兴大增，又从中学到了许多特殊的旅游知识，无形中完成了一次读书学习的过程。

"异想天开"是我们读书取得成功或有所发明创造的重要捷径。在人类的发展史上，有许多学术成就和科学发明就是在异想天开的基础上产生的。如果人类不心存有朝一日登上月球的"异想"，就不会产生"阿波罗号"征服月球的辉煌瞬间。而作为每日以读书学习为必修功课的学生们，就更应该学好、使用好"异想天开读书法"。

有的同学因为学习基础差，老师讲课根本听不懂，更怕老师在课堂上提问，就编了这样的顺口溜："上课犹如上刑场，见了老师心发慌。阿弥陀佛下了课，一会儿还有新课上。"对于这种学生来说，读书已经成为了一种负担和累赘。这时，就更需要应用"异想天开读书法"，将苦读变为乐读。

对于"异想天开读书法"来说，也许想法越怪异离奇，越别出心裁、越标新立异就越能取得出其不意的读书效果。但是，我们所提倡的"异想天开"绝不是没有目标、漫无边际、收不到任何实效的"狂想"与"妄想"。只有闪现于头脑中的"异想"与读书有所联系并对读书大有裨益时，才能获得"天开"的意外收获。

信息时代科技进步的产物
——视听读书法

一提起读书，我们通常马上想到的就是用眼睛去看书。从五官的生理作用和分工上来看，读书的确主要是通过眼睛对书籍上文字的识别，然后传送到大脑，再通过大脑进行记忆或分析思考的过程。其实，眼睛不一定只用来看书，还可以通过看其他东西来读书。而且，如果眼睛正在做读书以外的事情，我们用耳朵也照样可以读书。这两种特殊的读书方法，我们不妨称之为"视听读书法"。

"视听读书法"实际上包括"听读法"与"视读法"两部分。"听读读书法"，自古以来就存在。我们从许多古籍图书中能发现这方面的记载。

据《北史》卷三十七所载，北魏武将杨大眼虽然从来不亲自读书，但他一直都是让手下的人为他读书，他则坐在旁边聚精会神地倾听。久而久之，许多书中的知识和章节，杨大眼都能背诵下来。后来，因为公务所需，杨大眼要起草一些布告。但杨大眼识字实在不多，还得把这件事做好，他就干脆边想边说，同时让手下人把他说的话记录下来。由于多年听书的积累，杨大眼竟能出口成章，不用丝毫改动。这也可谓是一个特殊的本领。

梁元帝萧绎，年轻时常常像书痴一样读书，废寝忘食，精神高度紧张，结果得了失眠症，导致视力极差，几乎辨别不了书中的字体。但他又嗜书如命，就想了个办法，经常让左右侍者高声念书给他听。他用这种办法一生所读书籍达到了万余卷，成为历代皇帝中的博学之人。古代也有因"听读"而成名的。如明末清初的唐汝洵，出身于书香之家，自幼非常喜好读书，但不幸的是，在他 5 岁时因患天花病，把眼睛弄瞎了。可他身残志不残，每天都摸索着走到书房，听他的哥哥读书吟诗。俗话说，熟读唐诗三百首，不会写诗也能诌。日久天长，唐汝洵竟也成了写诗的高手。他作诗时，如果有人在他身边，他就请人将所作的诗记下；无人时，就采用上古结绳记事的办法标记下来，然后再请人译到纸上。所以他一生写下上千首的诗歌，出了好几本诗集，还给一些深奥的唐诗做了注释。可谓"听有所成"。

听读在古代，大多是由于听读者本身的原因，如不识字、视力差、眼睛失明等等。到了现代，一些特殊的残疾人仍然沿袭使用着听读读书法。如许多城市的公益文化机构都设有盲人读物中心，专门采购或录制一些供盲人"听读"的有声读物。

但除了与古代相同的原因外，当代社会中许多健全人也乐于用"听读读书法"。曾写出长篇小说《红日》的著名作

> 书是随时在近旁的顾问，随时都可以供给你所需要的知识，而且可以按照你的心愿，重复这顾问的次数。
> ——凯勒司（瑞士作家）

家吴强就喜欢"听书"。如听评书、评弹等。他说："我以为，听书也是读书中的一种方式，而且是一种重要的别有意味情趣的乐事。""我读的书中少说也有十分之一二是从说书人的口中听得的。"

在现今信息爆炸、生活节奏非常快速的社会里，"听读读书法"被赋予了更加特殊的意义。我们经常会看到这样的情景：一些人一边骑自行车，一边通过立体声耳机听读；或者当家长的一边走一边给他的孩子讲故事；或者是一些正在自学外语或准备考试的人，将所要学的知识事先录制在录音磁带上，在做家务等其他事情的同时，不断地重复播放这些录音……这就是在眼睛脱离不了其他更重要工作的情况下，利用耳朵的听音功能，在抓紧时间用"听读读书法"

来读书。由此可见，如果你在做一件必须做的事情无法利用眼睛的功能而耳朵却在"放假"时，完全可以调动你的听力来"值班"读书，从而达到学习一种知识的目的。

"听读读书法"还有另一种功能，就是进一步加深用眼睛读书的印象，提高读书效果。美国政治专栏作家乔治·威尔十分重视在读书的同时大量地"听书"，对此有成功的经验。他每年的阅读量有一半是靠聆听租来的录音书籍。他一面听读丘吉尔长达 6 卷的《第二次世界大战回忆录》，一面随手记下要点，从中获益匪浅。在谈到听读的体会时，他说："我一周听一本书，利用的是坐车、剃胡子或走路的时间。要是不听书，时间也就白白浪费掉了。"

现今听读的载体中有一种叫"录音书"，就是把书本的内容录制在卡式录音带上。在德国，出版"听书"的有德国留声机公司，还有著名的洛沃尔特出版社。"听书"所录的内容丰富多彩，有世界名著《战争与和平》，也有大众化的小说、诗歌。洋洋万言的书，取其精华，浓缩成 60 分钟的故事。这为博览群书创造了更好的条件。

在当今美国，越来越多的读者发现录音磁带的新用途，刮起了一股听读读书热。精明的出版商也借此机会，大发其财，录制和出版了大批"录音书"，商业界也开始设立"录音书中心"。美国斯太勒格林公司还为儿童出版了一种"唱片书"。在书封底的空白处镶上了微型唱片，另一张硬纸下镶有一只小唱针。用手指转动唱片，小读者便可以听到书中人物的说唱声，妙趣横生，让小读者们爱不释手。

据统计资料表明，美国在 20 世纪 80 年代末到 90 年代初的 5 年时间里，汽车卡式磁带放音机的销售量增长极快，数量达 1000 万台。美国全国 60% 的人有听读习惯。"你在听什么新书？"这样的问句，正像我国"你在读什么书？"一样，成为友人之间寒暄的话语。

"听书"的种类，除了前文所提到的录音书、唱片书外，还有一种地地道道的印刷书籍，一般是供外语学习者使用的。它的设计者是前南斯拉夫的科技人员。在书的每行文字下面嵌入一个大小如钢笔差不多的特制装置，当其沿着这行字下的粗线滑动时，读者就能听到声音。这样边看、边读、边听，既有助于矫正发音，也可增强记忆，效果明显。

随着科技的进步，镭射激光技术也逐渐运用到读书领域。被称为电子图书的 CD、VCD、DVD 等的出现以及计算机多媒体、国际互联网的广泛应用，为我们"听读"提供了更为方便、快捷的条件。在这种情况下除对 CD 光盘尚可称之为"听读"外，对其他光盘而言，"听读"实际上已经扩展到了更为丰富的"听读"加"视读"的境界。

其实，早在光盘产生之前，世界上就已经有了提供"视读"的声像读物。美国纽约一家出版社曾经出版了一种科技百科全书，书中除了正文和插图外，还有音响设备及电视录像装置，可供读者用来更全面和有效迅速地了解该百科全书中的有关信息和内容。然而，在科学技术突飞猛进、日新月异发展的今天，录像带式的视读方法已经被光盘所取而代之。而光盘的出现，确实为我们开辟了一片更为辽阔神奇的视读天地。

利用光盘进行"视读"的好处，足以让其受益者津津乐道：一张小小的光盘，可以容纳下多达数百万字的书籍内容，你不必再去搬运、翻阅一部部厚如砖头的书本，摆脱了来自群书围城里的孤独与寂寞；你可以选取光盘的任意段落，进行反复"视听"，在极短的时间内——例如在半个或一两个小时内，在一只光盘的几十部或上百部著作中，你自由往复，如若冲浪于万顷波涛，翱翔在万里云天，鸟瞰驾驭着大千世界，心头掠过种种妙不可言的想象、联想、比较、分析、综合……，胸中油然升起运筹帷幄决胜千里的成功之感；如果你还能从网上快速截取浏览更多的有关信息，那么，你就成了读书之神、写作之仙了。

"视听读书法"，除可消遣外，又能使读者以最快速度获得许多从书本中学不到的知识，可谓一举两得。这是适应时代发展趋势的一种新兴读书方式。

在现今社会中，如果不会使用"视听读书法"，恐怕就会成为一个信息闭塞、目光短浅的井底之蛙。

就是要跟自己过不去
——自督读书法

在读书学习中，能科学地选定目标，只是提供了成长的可能性，而严格的自我管理——自督，才能将这种可能性转化为现实性。

自督，就是自己监督自己。自督是自我管理的重要手段。利用自督读书法，可在自学过程中掌握自己，最终到达目的地。

那么，什么是自督读书法呢？

自督读书法主要有三方面的内容，即数量监督、质量监督和情绪监督。

● 所谓数量监督，是指在自学中，要不断地自己监督自己，按照预定计划完成一定数量的学习内容。

● 所谓质量监督，就是要学懂弄通所学的内容，真正掌握所学的基本理论和概念等，并具备相应的分析问题和解决问题的能力。

● 所谓情绪监督，是指心理或精神状态方面的自我监督，以高度的自觉性和积极的主动性去学习。始终保持一种既不骄又不馁的良好心理状态。

在读书过程中，利用自己监督自己，就能主动了解自己的进度和质量，充分调动自己的主观能动性。同时，能进一步自觉地调节、控制自己的读书活动，使之服从于一定的学习目的。自我监督是一种自我管理的过程，在这个过程中，不仅要对读书的数量、质量、情绪进行自督，还要进行不断的自查和调整。

列夫·托尔斯泰写《战争与和平》一书时，就是自己监督自己，曾 7 次修改其稿，用了 37 年的时间才完成。他晚年一部作品的序言修改了 105 次。他这样做，完全是自我督促，并无他人监督。

> 读书要自己对自己过不去。
> ——汪义群（当代文学家）

那么，怎样才能更好地利用自督读书法呢？

一要充分利用时间。读书有整块时间当然好，但茶余饭后、旅行途中、等车之际等零星时间也不要白白浪费掉。有句话说得好，积沙能成堆，滴水可成河。

二是读书做到不仅要读，还要多动笔才会有效。许多文学家的手都能妙笔生花，左右逢源，就是因为他们读书勤于笔耕，随时记下之故。因此，读书时督促自己多做些笔记。

三是自学要有耐心。自学往往不能立刻有所收获，对于成绩看不见，摸不着。因此，千万不要急于求成，忽冷忽热。要树立信心，自己不断督促自己，检查自己，必要时，要和自己过不去，并持之以恒地学下去。

知识永远浩如烟海，探求知识是无止境的。信息社会、知识经济的时代，自以为是的人绝不会为难自己。只有永不自满，谦虚谨慎的人，才有可能怀着紧迫感与危机感，总跟自己过不去；才有可能让知识升华为自身的本领，不被迅猛发展的时代所淘汰。

营造出入自如的知识"容器"
——框架式读书法

房屋有框架，桥梁有框架，书橱有框架……读书也有框架。可能有人说：读书学习需要的是热情，难道还需要什么框架吗？

其实，从系统论的角度来看，不同学科都有一个系统性和科学性的内在逻辑联系，都是由一定的知识结构序列所组成，并呈现一定的带有规律性的框架形式。

我们在学习中会遇到大量的知识，光凭一股热情是无法掌握这些知识的。因此，要求读书过程中用一种方法，将随时遇到的内容，分别纳入到对应的"框架"之内。这样做，不但能加强理解，有利记忆，而且能使思路明确，层次结构鲜明。用这种方法读书就叫做框架式读书法。

杨红是北京一所普通中学的学生。她在读书时就有过很深的体会，尤其对英语的学习体会更深。她说过，初学英语时，在书上似乎很难找到两个完全相同的句子，还有那么多单词，简直让你头疼。后来，她采用了框架式方法，在分析句子时，发现了它们之间的规律，并把它们归为五个基本句型。这样，每当读到任何一个新的句子时，都可以从记忆中选择一个可称为"框架"的东西相对应。这使本来很难记住的英语很快就记住了。

框架式读书法在英语学习中显示出了其优越性。无论是谁，只要能充分掌握五个基本句型，就能分辨出千差万别的句子，并找到相应的"框架"。

杨红使用框架式读书法，在学习过程中，不仅找到了学习英语的规律和记忆单词的办法，而且还加强了理解和记忆，最终从一名"普高"学生成为北京地区的高考状元。

框架式读书法，不仅对外语很有帮助，对别的学科也很有效果。比如，我们读任何一本书或一个新句子时，都可以从记忆中选择出一个"框架"，或将有关的学问通过条理分析，归纳成一个个"框架"，以便在读书过程中随时找到合适的对应内容。

有一个朋友，他的业余爱好就是读小说。可是每当问他小说中讲的是什么时，他往往只能回答一些大概的情况：人物或某个细节。于是，有人向他推荐了框架式读书法，并与他一起制作了一个框架：

背景

主题

情节

结局

特色

人物

地点

时间

> 一个好的方法可能比热情更为重要。
> ——格拉宁（苏联作家）

过了一段时间，当有人问他最近又读了什么好小说，他兴致勃勃地把最近读的小说从背景、人物、情节、主题思想以至写作手法，都进行了全面的评论。他按照框架式读书法，在读小说时，把有关的内容填入这个框架，很容易就记住了，这个方法有事半功倍的效果。

因此说，无论读哪方面的书，只要按照规律，制定出合适的框架，就可用最短的时间，得到整本书中完整的知识结构。因此，框架式读书法是取得读书效果的一种好方法。

我们在读书过程中，如果能不断向这个"框架"投入新的信息，并经常在头脑中呈现这个"框架"，整理信息，调整信息的位置，就能取得令人满意的读书效果。

融会贯通，我为我师
——自我讲授读书法

读书是一门学问，这门学问有其内在的规律，谁能掌握这个规律，并与自身的主客观条件有机地结合起来，谁就能在读书过程中掌握主动。

近来，日本流行一种新的自学方法——自我讲授读书法。

这种方法首先要求自学者在读书前根据课本上的目录，调动自己全部的知识储备预先进行第一次"自我讲授"。讲完后立即进行第一次通读。

在通读中，对不理解的地方，要记录下来，然后，自学者用自己的语言编制出一张精练、清晰、适用的"目录一览表"。对着这张表，再进行第二次"自讲"，这次自我讲授，着重要弄懂第一次自讲时不理解的内容，讲完后立即进行第二次通读……

如此反复，根据书中内容的难易程度，经过若干次的自我讲授后，自学者就会比较全面系统地掌握一门新的学问了。

其实，流行于日本的自我讲授读书法，在我国早就有人使用了。

萧楚女早年求学时，就常到校园后面的一个僻静之处，面对一棵大树"讲课"。他把所读的书和文章一遍遍地讲解。通过这种自我讲授的方法，萧楚女既巩固了所学的知识，又增加了大脑的记忆，还锻炼了语言的表达能力，这对其后来参加中国革命起到了很大的作用。那么，在读书中怎样进行自我讲授呢？

在自讲前，要确定书中的重点和难点，列出讲授提纲。

自讲有些像演讲，但它与演讲有着明显的区别：演讲面对的是广大的听众，是与他人交换信息，而自讲面对的只可能是僻静的一隅，无需与别人交流，是自己给自己当老师。

通过自我讲授，所学的知识就会在头脑中留下很深的印象，会对所记住的知识感到格外的亲切，"特别是有融会贯通和理解的主动性，甚至会有第六感觉和下意识帮你的忙"。

姚大均对自我讲授读书法很有感触，他说，自从开始担任中学教师到现在，一直很看重这种读书方法。

为了把课讲得更加生动活泼，为了把更多的知识传授给学生，姚大均深知"给人半桶水，自己先得有一桶水"才行，因此，平时总是不断地努力学习，广泛地阅读书籍、报纸和杂志。并将每次捕捉的新信息在备课时，结合教材，先拟好提纲，再反复"自讲"，直到自己满意了，才把它在课堂上公开"亮相"。

姚大均这样做，常常收到事半功倍的效果。采用"自讲"方法后，充实了自己的知识，使许多知识记得牢，应用在教学中，能用形象的事物启发学生的思维和促进他们想问题，提高了学生解决问题的能力。

> "为学而学"，不如为教而学之亲切。为教而学必须设身处地，努力使人明白；既要努力使人明白，自己便自然而然的格外明白了。
>
> ——陶行知（现代教育家）

可见，自我讲授读书法是一种很好的自学方法。利用这种方法读书，可以掌握更多的知识。

当然，自讲时应注意如下几点：

- 确定好自我讲授的提纲。
- 规定出自我讲授的范围。

把"自讲"与反复通读结合起来。

做到了这几点，就能更好地我为我师，把知识全面掌握，融会贯通，学到真正的本领。

自己学，自己问，自己答
——设问读书法

鲁迅在他译述的《读书方法》中介绍过这样一种读书方法：先大体上了解一下书的结构和内容，再合上这本书，先自己想一想，然后一边散步一边自问自答：是什么？为什么？怎么样？接着再去细读。这样边问边读，就可把书读得越来越深入。鲁迅介绍的这种学习方法就是设问读书法。

一个人二十几岁大学毕业，以后还有近50年的工作和学习时间，这50年里的学习很可能是自学。而这一段时间的自学往往是最富有成果的学习。因此，对每个人来说，学会读书是丰富知识，增长才干的重要因素。

在读书过程中，我们可以利用设问读书法，对自学计划内的书或决定重读的好书，认真审慎阅读。尤其是对书中的每个论点、问题及要点都要问个为什么、怎么样，做到边问边读。边问边读离不开认真思考。思考问题时，要把自己所掌握的知识或其他书上的论点与书中的论点加以联系，充分进行比较、分析后，看它们之间有何异同，找出它们之间的相互联系。这就要从无疑处寻找疑处，再从有疑中想法释疑，最后达到解决疑问为止。这是设问读书法中非常重要的一个设问过程。

设问方法具有一定的技巧，我们列出几种提问方法以供参考使用，或许会对你的自学有所帮助。

● 比较法：在自学中，从不同的观点比较中，找出差异，提出问题。

● 反问法：可从相反的角度提出问题，也可站在自己观点的对立面来看问题，进行深入思考，就能找到更好的解决问题的办法。

● 逻辑法：依据逻辑关系，研究书中是怎样明确概念、进行推理的。然后做出判断和分析，看看有无违背逻辑关系的现象。

● 变化法：设想一下原因改变，结果会怎样？假如温差、时差、环境和条件变化，后果将会怎样？

● 极端法：可将事情推向一种极端，然后设想一下会出现什么情况。极端化不仅能暴露矛盾，还能预测未来，筹划对策，是提问的一个重要方法。

利用设问的技巧性，就能在读书中很容易提出问题。提出问题以后，再去找解答问题的办法。解答问题的办法一般有以下几个步骤：

● 归纳问题：对提出的诸问题进行分类和归纳。看它们属于哪个方面的问题，其主要问题有哪些。

● 查找资料：根据问题导向去查找有关资料。然后进行阅读和理解。

● 研究论证：通过阅读和理解，对提出的问题进一步研究论证，得出正确结论。

我们在读书过程中，利用上述方法，在写读书札记或读后感时，就能肯定正确的观点，订正错误的东西。

上述设问技巧和解答方法，一般适用于高中生和自学者的读书学习。

清华大学的赵访熊教授，对设问读书法有独到的见解。他在一次学习报告会上对青年们说，有些人包括大学生，读书不喜欢自己用脑，拿到一本书，希望一看就懂，或者像看电影、电视剧那样生动有趣，不用脑筋就能明白，这是不行的。我们自学和指导自学，就要注意这个问题。

赵教授在报告中提出自学就是要自己学，自己问，自己答。

华罗庚就是一位自己学，自己问，自己答的自学典范。由于家境贫寒，初中毕业的华罗庚被迫停学。但他靠自学，完成了高中和大学的课程。

华罗庚在没有老师指导的情况下，靠着持之以恒的精神和坚强的毅力，自己学，自己提问，然后分析，归纳，专研，最后攻破一个又一个"堡垒"，不仅写出了数学巨著《堆垒素数论》，还常被外国专家邀请讲学。

读书过程中善于自己学、自己问、自己答的人，往往能通过设问、比较、分析、归纳等把读书所得变成自己的东西。他们不断设问，不断思维，不断解决，最终把问号变成了惊叹号。

徐特立先生在读书时，总能提出问题。他年轻时读《尚书》，注中有一句话："三百六十五日又四分日之一为一年。"这"四分日之一"是什么意思呢？为了弄明白，他查阅了许多资料，最后从天文历法书中查到：地球绕太阳公转一周为 365.2422 天，约为 365 天再加 1/4 天。终于弄懂了"四分日之一"即是"四分之一日"。

读书秘诀有"三自"：自己学，自己问，自己答。

——赵访熊（当代数学家）

试想，如果徐老读书不提出问题，不去钻研解决，又怎么会成为知识渊博的人呢？因此，只要在读书中善于提问并依靠自己的能力去解决问题，就会成为有独到创见的人。

朱熹曾说："读书，始读，未知有疑；其次，则渐渐有疑；中则节节是疑。过了这一番，疑渐渐释，以至融会贯通，都无所疑，方始是学。"可见，读书中的思考，一般表现在读书中的"问"上。所以，在读书过程中，应当主动运用设问读书法。

那么，怎样运用设问读书法呢？

首先，应当清楚书本中的知识是别人从实践中研究总结出来的，是实践加思维的结果。因此，在读书时，要联系实际认真读，认真想，认真答。

其次，知识具有连贯性和系统性。在读书时，运用设问法，就能发现相互之间的内在联系。勤思，能更好地理解领会；多问，能最后达到融会贯通，甚至创造性地掌握知识。

最后，我们读书的目的是为了更好地认识世界和改造世界。如果读书时能经常设问，不断解决难题，就能弄懂和掌握书本中的知识，并能运用自如，提高认识世界和改造世界的能力。总之，读书中只要能主动问几个为什么？并把设问与理解结合起来，就一定能把设问读书法灵活地运用起来。

设问读书法是打开知识宝库的一把钥匙。而那些善于自己学，自己问，自己答的人，一旦掌握了这把"钥匙"，就会成为最富有成果的人。

好读书，不求甚解
——不求甚解读书法

当我们提起《桃花源记》这篇精美的散文时，便会立刻想到它的作者陶渊明。陶渊明是东晋的大诗人，他不仅诗作得好，散文写得美，而且在读书方法上也有独到之处。他在《五柳先生传》中自述"好读书，不求甚解，每有会意，便欣然忘食"。后来人们根据这句话，取其精髓，总结了不求甚解读书法。

对不求甚解读书法，历来褒贬不一。有的认为是行之有效的读书方法；有的则认为这种读书方法是提倡粗枝大叶的作风，是在误人子弟。那么，究竟应当怎样理解"不求甚解"读书方法的实质呢？

《辞海》对"不求甚解"有两种解释：一是出自陶渊明的《五柳先生传》，"原意是读书只领会要旨，不过于在字句上花工夫"。一是"今多谓学习或工作的态度不认真，不求深入理解"。显然，陶渊明的"不求甚解"不属于这种不认真。

在此，我们应当指出，陶渊明的"不求甚解"是建立在"好读书"的前提之下的。因为只有"好读书"，方可谈"不求甚解"；否则，"不好读书"就谈不上"求甚解"或"不求甚解"了。

另外，我们在理解这一问题时，还要与当时的历史背景联系起来看。陶渊明所谓的"好读书"，主要是指读经史典籍。由于在那个时代学术界盛行训诂（训诂就是对古书字句的解释），而汉代的经学家所作的注释，连篇累牍，空洞繁琐，离题万里。更有甚者，可将解释几个字的文章，写成洋洋两三万字。这种寻章摘句，牵强附会的解释，对读书不仅无益，反而浪费了许多时间和精力。所以，在这种情况下，陶渊明才提出读书的"不求甚解"方法。

再者，陶渊明的"不求甚解"，也不是提倡马马虎虎，漫不经心。而是在博览群书的基础上求"会意"。"会意"就是领会书中的精神实质，而不是死抠皮毛上的东西，在文字上钻牛角尖，他所提倡读书的要诀，全在会意。

从此不难看出，陶渊明的不求甚解读书法，与不认真绝不能混为一谈。其用意是在博览群书时，明白它的意思就可以了，不必去咬文嚼字；暂时弄不懂的，可先放一放，在读其他书时，可能一下就弄懂了以前不懂的东西，这样既节省了时间，又把书读活了。

南宋的哲学家、教育家陆九渊的读书方法与陶渊明的"不求甚解"法有相似之处。他说："读书且平平读，未晓处且放过，不必太滞。"当代学者邓拓对此的解释是：这就是所谓的"读书不求甚解"的意思。本来说不求甚解，这并非真的不要求把书读懂，而是主张难懂的地方先放它过去，不要死抠住不放，也许看完上下文之后，对于难懂的地方也就懂了；如果仍然不懂，只好等日后再求解释。这个意思对于我们现在的年轻读者似乎特别有用。

邓拓对不求甚解读书法还有自己的独到见解。他认为，陶渊明主张读书要会意，而真正的会意又是很不容易的，所以只好说不求甚解了。可见，这"不求甚解"四个字有两层含义：一是表示虚心，目的在于劝戒学者不要骄傲自负，以为什么书一读就懂，实际上不一定真正体会到了书中的真意，还是老老实实承认自己是不求甚解为好。二是说明读书的方法不要固执一点，咬文嚼字，而要前后贯通，了解大意。这两层意思都很重要。

总之，不求甚解读书法，是陶渊明、陆九渊等人在大量阅读之中，积累了丰富的阅读经验之后，总结出的一种深刻、辨证的读书方法。我们既不能断章取义，偏颇地理解它，更不能从贬义的角度把它理解成"不认真"或"不求甚解"。特别是在当今知识爆炸的书海茫茫，知识更新的时代，如果每本书都要一丝不苟地去读，那么要读到什么时候呢？所以，我们认为不求甚解读书法也是一种行之有效的读书方法。它能帮助人们从浩瀚的信息中迅速地提取自己需要的有效信息。

学习方法是多种多样的，在此，虽然介绍了不求甚解读书法的许多可取之处，但不妨还要提醒一点，选择读书方法一定要根据各自的实际情况、读书的对象来选择。比如：中小学的学生，他们的个人理解能力有限，在学习课本上的基础知识时，就要采取一丝不苟的态度，不懂不要装懂，要勤学多问，直到把

> 读书忌死读，死读钻牛角。复孜孜，书我不相属。活读运心智，不为书奴仆。泥沙悉淘汰，所取惟珠玉。
> ——叶圣陶（当代教育家）

问题弄明白为止；而在读课外读物时，可采用不求甚解读书法。其步骤和要点是浏览、存疑和会意。

浏览。在自己的时间和精力允许的情况下，广泛浏览各学科的知识，扩大知识面，吸取新信息，这样不但增长了新知识，而且也有助于基础知识的学习。

存疑。在浏览的过程中，会碰到不能理解的问题，因为，即使好读书的人，也不可能对所有的书一看就懂，暂时解决不了的问题，可先放一下，待以后再解决。一旦有机会弄明白了，那种高兴的心情，连饭都可以忘记吃了。这样可提高读书的兴趣。

会意。就是领悟。从存疑到领悟是一个提高的过程。读书时要带着问题读，随着理论水平的提高、知识面的扩大和实践经验的不断丰富，就可以加速到达会意的境地。这就是不求甚解读书法的本意所在。

在采用不求甚解读书法时，一定要理解其真正含义，避免片面。只有这样，才能在浩瀚的知识海洋中，更快地吸取到更多的新知识。

劳逸结合，提高效率
——交叉读书法

读书是一种艰苦而又复杂的脑力劳动，有注意、感觉、知觉、思维、记忆等心理活动。这些心理过程紧张进行的时候，也就是大脑神经处于高度兴奋状态的时候。让脑细胞一直兴奋，就会使其疲劳，收不到良好的读书效果。

人的大脑约由 140 亿—150 亿个细胞组成，是一个信息接受、结合和重现的器官。这些脑细胞分成若干个区，它们接受信息是各有侧重的。读书是我们通过眼睛接受信息的求知过程，在这一过程中，负责接受信息的脑细胞就处于兴奋状态。脑细胞的工作规律是兴奋一会儿后，就要抑制一会儿，兴奋与抑制相互交替。

所以，我们读书的时候，就必须依据大脑活动的规律，换一换读书的内容，进行交叉读书，这是一种提高效率的读书方法。

交叉读书的方法，我们大体可分为三种：

一、在一定时间内有意识地调换不同的读书内容

接受信息的脑细胞有一个特点，就是它们之间是有分工的。读数学书时，是这一部分脑细胞兴奋；读文学书时，是另一部

分脑细胞兴奋。如果长时间地读同一个内容的书，使大脑皮层的某一部位过于兴奋，就会引起保护性抑制，如果适时变换读书内容，可以使兴奋的大脑得到休息，在其他部位产生新的兴奋点，这样使大脑的活动得到了调节，读书就不会感到疲劳。

在这一点上，马克思就采用了"交叉读书法"。马克思为写《资本论》，在大英博物馆里读了上千册理论高深的图书。为了工作和研究的需要，马克思读的多半是抽象的理论性书籍。长时间读这些书，马克思也有疲倦的时候。为了防止和克服这些疲倦，他就采取"交叉阅读"的方法。每当阅读理论书籍感到疲倦时，他马上就把书搁下，再读另一种不同内容的书。他有时读小说，

> 读书足以怡情，……读史使人明智，读诗使人灵秀，数学使人周密，科学使人深刻，伦理学使人庄重，逻辑修辞使人善辨，凡有所学，皆成性格。
> ——培根（英国哲学家）

有时读诗歌，转而又津津有味地读一会儿莎士比亚的戏剧。这样，疲倦的大脑得到了休息，他便又可以兴致勃勃地读起深奥的理论书籍了。

二、合理安排读书时间，在不同的时间交叉读不同内容的书籍

一般来说，读政治、哲学、科技类的书籍，动脑筋多，比较累。长时间读这样的书，容易产生疲劳感；而读文学、艺术类的书籍则比较轻松。因此，我们在安排读书内容时，就要考虑什么时间读什么书更合适。通常人们在早晨时头脑更清醒些。因为，经过一夜的休息，这时的脑力活动呈最佳状态，那么可把比较难读的图书，内容比较枯燥的书籍放到这个时候去读，读书的时间可稍放长一些；而把容易读的书，或自己感兴趣，消遣性的书放到下午或晚间去读。这样合理地安排读书时间，可起到一种调节精神和娱乐消遣的作用，

同时也会收到更好的学习效果。

在这方面英国作家毛姆曾说过："清晨，在开始工作之前，我总要读一会儿书，书的内容不是科学就是哲学，因为这类书需要清新而注意力集中的头脑。当一天工作完毕，心情轻松，又不想再从事激烈的心智活动时，我就读历史、散文、评论与传记，晚间则看小说。"

三、读书要与文体活动交叉进行

我们即便是采用了以上两种交叉的读书方法，提高了读书的效率，但不得不提醒大家，一个人不能无休止地每天都在那里读书，还必须有交叉地进行一些体育锻炼，参加一些文娱活动，让紧张的脑细胞得到松弛，缓解和消除大脑的神经疲劳，增强大脑兴奋与抑制的能力。这样，能够提高大脑的记忆能力。

大脑卫生最根本的一条就是要劳逸结合。爱因斯坦就是一位既会读书，又会休息的大科学家。他经常在读书感到疲劳的时候，就弹弹钢琴，拉拉小提琴。除此之外，有时还去登山，游泳等。由于他注意了劳逸结合，在读书时能与文体活动相交叉进行，才使他有旺盛的精力来读书和搞科研工作，最终在事业上取得了辉煌的成就。

尽管如此，这种读书方法不一定适合每一个人。所以，在我们的现实生活中，要根据自己的实际情况来选择读书方法，即使选择非常优秀的方法，也要学会正确地使用，要有控制自己的能力，能把握住自己的读书时间。就拿交叉读书法来说，如果把握不住自己，或只强调交叉，而不分场合、时间，那只能事与愿违。比如：学生上数学课时，觉得不爱看数学书而要交叉看看小说；上政治课时不想读政治书而要读读课外读物等。这种不能控制自我的，不分时间、地点的，随意的交叉读书法是不值得提倡的。

要合理地安排读书的时间和内容，在进行交叉读书的同时，适时地安插些文体活动，只有注意了劳逸结合，之   提高读书的效率。

劳于读书，逸于作文
——读写结合读书法

著名美学家朱光潜说："我自己有个习惯，学到点什么，马上就想拿出来贩卖。这种边买边卖的办法，也不是完全没有益处。为着写，学习就得认真些。要就所学的问题，多费些心思来把原书吃透，整理自己的思想和斟酌表达的方式。我发现这也是一个很好的学习方式和思想训练。"

所谓"边买边卖"的读书方法，其实就是边读书边写作或边读书边创作的读书方法。这里所说的写作，绝不是指读书笔记的那一类，而是指能写出有自己思想并有一定分量的文章来。

这种读写法，在读书方法中比较难掌握，但提高写作水平最快。为什么呢？因为能把书读懂并不易，一本书，看看大意都明白，若让你把书中的大意概括性地表达出来，那就有难度了。更何况在读懂的基础上还要写出有新意的文章来，那就更不易了。

叔本华曾说过，读书只是走别人的思想路线，写作才是走自己的思想路线，只有经过自己的思想路线把读书得来的知识消化掉，才会真正成为自己的东西。

读书的目的是为了丰富自己的头脑，把学到的知识经过自己头脑的再加工，创造出更新的东西，只有这样才能达到我们读书的目的。也就是说，为了提高读书的质量，并能收到更佳的效果，我们在读书的基础上，还要写出自己的新东西。

在这一问题上，朱自清认为：读书时应该时刻想着我该怎样写这个问题，这样，读书的效率和质量都会大大提高，而从这个角度去读书，对读过的东西记忆更深刻。

在我们的现实生活中，通过读写这种方法取得成功的例子屡见不鲜。作家竹林对此颇有体会。一次，他计划要写一部中篇儿童小说，作品的内容和主题早就确定了，也经常有创作冲动，但是，总是写不出特点和新意，无奈，只好放下笔，静下心来读些书。

当时，他刚好买了一套印度作家泰戈尔的选集。于是他就如饥似渴地读起来，并被作品中优美的语言和深邃的哲理深深地吸引住了。作品中的意境和思想，同他的思想和情怀是那么一致！于是，他就更有意识地去重读泰戈尔的有关作品《园丁集》和《新月集》。

读过书后，竹林走出房间，来到乡间的小路上，举目远望，顿时觉得眼前的天空是那么宽广明亮，看到周围一切都是那么美好，都给了他一种清新、秀丽、生动、活跃的感觉。所读的作品同眼前的景物和他心中长期积累的生活产生了强烈的共鸣。于是，他便掏出小本子，记下了当时心中的冲动和感觉，并确定了那个卡了壳的儿童中篇的构想和写法。

竹林整个构思完成后，已不是原来设想的一部中篇，而是决定要完成三

> 读书是接受别人的沐浴，写书是一种自我净化；读书是享用别人的创造成果，写书是自己创造出来供给他人享用。
> ——冯骥才（当代作家）

部系列小说。不久，前二部《晨露》和《夜明珠》已完成发表，第三部也陆续完成。

通过这个故事，不难看出，读书与写作的关系是多么的密切。读书能启迪创作的灵感，而创作中又能加深对书本知识的理解。这样，既练了笔，又丰富了知识。

总而言之，仅仅为了读书而读书是读不好的，而且没有广泛读书的写作是无法成功的写作。只有二者相互结合，相互促进，才能将读书与写作都搞好。

调动各个器官的功能
——六到读书法

　　宋代教育家朱熹，在他执教的书院里，制定过这样一条学规:"读书有三到,心到、眼到、口到。"这就是有名的读书"三到"说。根据现代读书的要求，我们以为"三到"还不够，需要再加"三到"——耳到、手到、足到。即在读书时要做到心到、眼到、口到、耳到、手到、足到六者并用，谓之六到读书法。

一、心到

　　朱熹认为，"三到之中，心到最急。心既到矣，眼、口岂有不到者！"读书用心力，这是求知的根本方法。对知识不仅要知其然，而且要知其所以然。心到要求读书时继以精思，多问几个为什么，大胆地向书本提出自己的疑问和见解，以求得对字义或词义有较深刻的理性知识。

二、眼到

　　除了把字句一一看清楚，还应要求在许多方面尽量增强感性知识。读书眼到，要紧的是集中注意力，提高阅读力。眼到也是读书的一种重要能力。现代社会，书籍、报刊、资料的数量与日剧增，必须加强"眼到"的训练，力求提高阅读率。

三、口到

朗读背诵即为口到。读书之人适当地背诵一点东西是必要的，尤其是背诵一些值得记诵的名篇。通过口到，进而背诵，然后摸索到学习的途径，显然是一条学习方法。读书时若口不到，只是一味偏重于字义词义，研究文章的中心思想，写作特点等，必然无法玩味到作品的深刻内涵、丰富神采和独特气韵，对于真正透彻地理解就会有缺陷。口到之法，讲的是将书的内容通过各种语言神韵渐入自己的脑海，达到潜移默化之功效。

四、耳到

耳到就是发挥感受器官的巨大潜力。尤其是在学习外语时，耳到必不可少。其实，读其他的书籍也不可不耳到。除专心读书外，可大量与人讨论，大量采纳别人意见，大量听取他人经验之谈。还可合理利用广播媒介，在各式讲座、报告中汲取知识，弥补不足。

五、手到

许多学有所成的人认为，动手抄写，是读书的关键。鲁迅的"手脑并用"，确为经验之谈。手到，除了练习写作与实践外，还有助于锻炼独立的思考能力，提高分析和鉴别水平，还可以用来帮助培养文字表达能力。

六、足到

　　足到应该是有目的性的，并要结合自己的读书实际。达尔文乘军舰作了 5 年的环球航行，始终注意围绕各地区的动植物进行考察。在积累了丰富的感性知识的基础上，才写出了千古名著《物种起源》。

　　六到读书法，是读书的根本方法，又是读书所应具备的基本功。现存的系统产生现存的结果，如果需要不同的东西了，那么系统必须被改变。要想快速有效地学习任何东西，你必须看它、听它和感觉它。

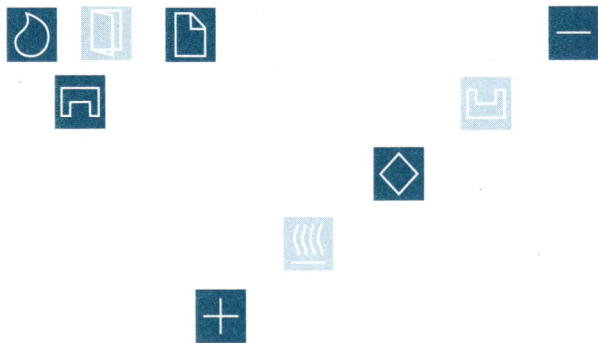

乘着音乐的翅膀翱翔
——音乐读书法

现在有很多年轻人，他们在读书的时候总是喜欢打开录音机、CD 机或 MP3，一边听音乐一边读书。每当这个时候，也许家长就会走过来唠叨一句："一心不可二用，看书还听什么音乐！"那些年轻人只好无可奈何地把音乐关掉。

其实，家长们不知道，音乐对读书是大有好处的。

我们知道，人类所有活动都与人脑分不开。人脑支配我们一切的活动，读书同样更离不开大脑。虽然眼下进入了电脑时代，我们每个人的大脑也比电脑小得多，但它却比世界上最强大的电脑还强几千倍。那么，如何开发和利用好我们的大脑来多读书、读好书呢？

人们经过不懈的研究发现了一种奇妙的东西——音乐。无数成功的实验证明：如果在读书的同时放送适当的音乐，就能充分挖掘人脑的许多潜在能力，使我们更加轻松、有效地读书。这就是音乐读书法。音乐读书法通过音乐，让人脑与肌体在美妙的旋律声中得到放松并集中精力，从而达到提高读书效率的目的。

既然音乐对读书有这么大的好处，你也许正迫不及待地想知道利用音乐读书的具体方法吧？别急，让我们首先从了解人的脑结构开始。大体来说，人的大脑左半部分主要起处理语言、逻辑、数学和次序的作用，可称为"逻辑半球"；大脑右半部分主要处理节奏、旋律、音乐、图像和幻想，可称为"感情半球"。而这两部分是由 3 亿个活性神经细胞组成的。在这个高度复杂的交换系统中，3 亿个细胞连续不断地平衡着输入信息，将抽象的、整体的图像与具体的逻辑的信息连接起来。

在读书中，如果一个人的大脑两个半球都能活跃起来"联合攻关"，就能减少疲劳，发挥左右脑的潜力，从而提高读书效率，达到掌握知识的目的。根据上述原理，英国商人、研究员科林 · 罗斯曾著《快速学习》(Accelerated learning) 一书并编写了数个外语速成课程。他举了个例子，说明大脑的不同部位能够以综合方式共同协作。"如果你听一首歌，左脑会处理歌词，右脑会处理旋律，因此，我们能轻而易举地学会流行歌曲歌词，这并不偶然，因为左脑和右脑都动员起来了，且边缘系统中大脑的情感中心也加入了。"

大脑的情感中心，是与长期记忆存储系统紧密地相连的。这就是为什么含有高度情感因素的内容，我们都会最容易地记住。就像几乎所有的人都会记住自己的初恋一样，如果歌曲的音乐与个人的情感、愉悦的体验相连，歌曲的旋律和歌词就能引起深刻的记忆。因而，发现大脑是如何处理这类信息的，是通向更有效读书学习的重要钥匙。

W·提摩西 · 戈尔威曾说过，自然放松但又注意力集中是出色完成各项工作的关键。读书亦如此。巴博拉 · 布朗博士在《新头脑新身体》一书中也指出："较慢的心跳会使大脑效率飞跃提高。"可见放松的关键是使心跳放慢。心理学家早就得出结论，人的心跳每分钟在 60 次以下，对身体的健康有利，对读书更有利。那么，如何使人的身体放松、精力集中呢？如何使读书达到一种最佳状态呢？最好的调节就是音乐。

音乐读书法就是根据以上原理提出来的。我们知道，音乐有着它特殊的魅力，当一首美妙的音乐在你的读书空间盘旋回荡时，你的情感就会随着乐曲跌宕的旋律而起伏波动；同时，音乐对于人的大脑活动也有一定的影响，一些轻松、缓慢的曲子能够诱导出一种冥想状态，使人的其他活动放慢，大脑变得敏捷，这对读书十分有利。

保加利亚的教育家拉扎诺夫是最早使用音乐读书方法的人之一。人们把拉扎诺夫通过音乐来提高读书效率的实践，称为拉扎诺夫式的"音乐课"。

例如，一个班级正在学习外语，教师事先把新单词设计成一幕戏，还附有图片总览。学生在内心深处先依照图片把这些新单词内容串起来，然后再看课文。这时，老师开始播放选择好的音乐。在巴洛克音乐每分钟 60 拍的舒缓节奏和优雅旋律中，和着音乐的节拍，老师用自然的语调朗读着外语。

当舒缓美妙的旋律在教室里不断地回荡、盘旋时，也在学生们的大脑中反复地萦绕着，"拨动"着他们的心弦，"活跃"着他们的思维，"激发"着他们的想象。学生们闭上双眼沉浸陶醉其中，用心灵去"体会"，用音乐形象去记忆。那些生僻、古板的单词，变成了一个个生动活泼的小精灵，不断地在脑海里跳跃、闪现……在愉快的形象思维中，学生们不知不觉地记住了要学的单词。

实践证明？音乐读书法仅仅花费 5% 的时间就能完成 60% 的学习任务。如果说这里面有什么魔力的话，就好比学习一首歌的词要远比记住一整页的词汇容易得多，音乐是某种形式的载体，老师的朗读和着音乐的起伏，就像抓住了浪涛的节拍，因此学生们的记忆之门不知不觉地打开，又不知不觉地记住了信息。利用音乐读书起到了事半功倍的效果。

还有一种音乐读书的具体方法。利用两台录音机，一台以巴洛克音乐做背景音乐，一台用来录音。这样在音乐的伴奏下，慢慢地朗读所要看的材料。读的时候速度最好尽可能与放送的音乐取得协调，同时，放送的声音不要太大，以免压下了朗读的声音，一次朗读的声音不宜太长，以 20 分钟为宜。如果想使音乐丰富些，还可以选择不同乐器演奏的乐曲，选用各种不同的基调，大调或小调。录音材料制作完毕，就可以来欣赏了。用这种缓慢、庄重的音乐来伴奏，读书效果极佳。

第一遍欣赏时，要把材料撇开。你拉上窗帘（如果是晚上应拧开小灯），在微弱、柔和的光线下，你躺在床上，闭上眼睛，全神贯注地听录音，任凭想象的翅膀带着你的思绪在天空中遨游。那录音是配上音乐的朗读材料，十分优美。听了一次后，你对材料的内容就有了大致的了解，再次欣赏之时，你就能够将全部的感情都调动起来，醉心于材料之中，认真体会、玩味着每一个细节。就这样反复几遍。当你再拧开灯，对着材料核对时，你会惊奇地发现，书中的内容对你来说是那样的熟悉！这些都是音乐带来的奇妙作用。

音乐在读书时有三个作用：帮助放松，激活右脑接收新信息，帮助将信息移入长期记忆库中。音乐读书法能在几分钟之内解决你几个星期想要学到的东西。这是多么神奇的功效啊！

事实上，我们每个人都有一种最佳的读书学习状态，只是我们目前尚未调整到这种最佳状态。它出现于心跳、呼吸频率和脑波流畅同步之时。当我们的身体处于这种放松状态时，头脑的注意力就会高度集中并高效率地接收着新的信息。如今，你已了解到音乐是最好的"放松剂"，是读书的好帮手，是打开通向记忆之门的钥匙。当你再因边读书边听音乐而遭到家长"训斥"时，你就可以理直气壮地告诉他们：音乐读书法能够达到事半功倍的效果呢？

在当今信息社会，掌握了音乐读书法，就等于给记忆和思维插上了翅膀。

人脑是世界上最大的图书馆
——提高记忆读书法

大家也许还会记得：10 多年前的一次春节晚会上，锦州记忆学专家王维带领他的学生们给全国的电视观众做了一次精彩的记忆力表演。他拿出一本《新华字典》，让现场观众在其中随意地提出一个字，他的学生们会立刻准确地指出这个字在本字典的第多少页，第多少行，而无一例差错。现场的观众们惊呆了，电视机前的观众们惊呆了。世界上真会有人有这么好的记忆力吗？是不是事先准备好的呢？人们将信将疑。王维解释说，他的学生们并非什么天才，普通人经过一定时间的科学记忆的训练，是完全能够做到这一点的。

可以想见，如果我们掌握了记忆的规律，尽最大可能地提高记忆力，把它用在读书上，即使不能"过目成诵"，也能收到事半功倍的效果吧。

人的记忆力是非常惊人的。人脑的网络系统的复杂程度远远超过北美洲全部通信网络；美国麻省理工学院科学家的一份报告说：假如一个人一生都能孜孜不倦地学习，那么，他的大脑存储的知识可以相当于美国国会图书馆藏书的 50 倍！也就是说，人脑的记忆容量可以相当于 5 亿本图书的知识总和。这么看来，人脑真称得上是世界上最大的图书馆了。

人脑既然有这么大的记忆潜力，为什么很多人在读书学习中却常常感到"脑子不够用"、"怎么也记不住"、"明明就在眼前，就是想不起来"呢？首先是我们大多数人对脑子的利用还太少；其次是用脑方法不得当；再次就是遗忘在捣乱。

那么，究竟怎样克服上述弊病，增强读书的记忆力呢？下面是一些非常实用的记忆方法。

一、目的记忆法

心理学的实验表明：记忆的效果和识记的目的性有很大的关系。一般来说，我们在对一本书通读浏览后，合上书本，往往最先记住的是自己最感兴趣的部分，对有些细节描写、统计数字记忆的准确性，连我们自己也会常常感到吃惊。这里我们谈到的明确的目的性，并非指日常消遣性地读书，而是指在带有钻研性、提高性地学习时，要有意识地培养大脑对相关内容的这种"兴趣"。在读一本书之前，首先要确定想获取哪方面的知识，哪些是自己想要掌握的重点。这样，当我们看到被事先"圈定"为重点部分的内容时，大脑就会受到强烈刺激，产生高度兴奋，记住的内容就会越多、越持久。

不久前，笔者在单位同事中做过这样一个试验：在一张纸上画出大小、形状不同的 100 个图形，将 1—100 个阿拉伯数字随意地填入这些图形中。选出 10 人，让他们分别按序从 1 找到 100，然后记录时间。测试结果令人吃惊：最快的在 8 分 46 秒完成，最慢的竟用了 21 分 10 秒！两者竟然相差两倍多！这个试验正是在被测试者毫无准备的情况下，客观真实地反映了他们之间记忆力的差别。

为什么会产生这么大的差别呢？我们看看具体的过程：每个人在寻找最初几个阿拉伯数字时，都是盲目地、散乱地"扫描"（因为数字排列完全没有规律可循），但是每在纸上"扫描"一次，视觉神经都会把这 100 个数字的位置向大脑汇报一次。我们发现，在这些人中，所谓"记忆好"的，之所以用时少，其实都普遍采用了一个方法，就是在明确了测试的要求后，他们首先都想到，在寻找每一个数字的时候，眼睛"扫描"经过之处要有意识地记住该数字后面几个数字的大体位置，经过寻找前十几个或几十个数字之后，"记忆好"的人就会越来越记住后面数字的大体位置，因而会"眼"到"数"来，节省了时间；另外一些人则是每找一个数字，都在纸上统统"漫游"一遍。这样，寻找每一个数字的时间差也许只有几秒，但经过 100 个数字以后，差距就拉大了。可见，事先是否有意识地确定出记忆重点和记忆方法，效果截然不同。

二、编制口诀法

相传过去有一所学校，老师天天上山与山顶寺庙里的和尚对饮，一天临走时布置学生背圆周率，要背到小数点以后第二十二位 3.1415926535897932384626，大部分学生背不出来，十分苦恼。有一个聪明的学生就把老师上山喝酒的事编成几句话，让大家念，等老师喝酒回来，各个把圆周率背得滚瓜烂熟："山巅一寺一壶酒，尔乐苦煞吾，把酒吃，酒杀尔，

> 人的一切智慧财富都是与记忆相联系着的，一切智慧生活的根源都在于记忆。
> ——谢切诺夫（俄国生理学家）

杀不死，乐尔乐。"这真是一个寓学于乐的好方法，如此枯燥乏味的数字就这样在诙谐的玩笑中被轻而易举中地记住了。

三、时间选择法

记忆的最佳时间因人而异，但还是有一定规律可循的。一般说来，机械记忆的最佳时间是清晨起床后和晚上睡觉前。因为在清晨，大脑里没有前面学习内容的干扰；到了晚上临睡前，不再受新学习的内容干扰了。排除了这两种干扰，当然记忆效果最好。除了清晨

这一记忆高潮时间外，中午 12 时以前，大脑的思维能力以及精力、体力等都达到高潮，中午 12 时到下午 2 时，脑力和体力都处于低潮，下午 3 时到 6 时，脑力又开始活跃，晚 9 时以后，形成一天中的第二次高潮。我们应该根据大脑的"生物钟"来安排学习内容，设定工作方法。这样，就会做到高效省时。

大脑的遗忘也是有规律的。新学习的知识在最初几小时内遗忘最快，以后遗忘的速度就逐步减慢了。试验证明：理想的阅读间隔时间是 10 分钟到 16 小时之间，就是说，10 分钟以内，重复是多余的；超过 16 小时，由于一部分内容已被忘记，重复的效果当然要差些。因此，为了花最少的时间达到最好的效果，我们必须安排好时间及时复习、巩固所学。一般说来，间隔五六个小时复习较为适宜。

四、对比记忆法

笔者在学习法律专业课时，有这种体会，单独学习刑事诉讼法、民事诉法、行政诉讼法时，对有关诉讼时效问题都记得很清楚，但是时效规定非常复杂、繁琐、容易混淆，往往记住了这部法的时效，其他法又记不清了。后来，我做了一个表，把各部门法有关同一个问题的时效的规定放在一起对比着记，结果很快就全部记得清请楚楚，而且不容易忘记。可见，这是一个很有效的记忆方法。

五、形象加理解记忆法

脑生理学家认为，大脑的左右半球是各有分工的，左半球管逻辑思维，右半球管形象思维。如果将逻辑思维与形象思维结合起来，也就是大脑左右两半球同时并用，记忆效率将会提高很多倍。如：中学物理课中关于定常流的公式 SV ＝常数。S 代表流管的横截面积，V 是液体的速度。对定常流来讲，液体的速度与通过流管的横截面面积成反比。

我们可以想象，江河水在宽广的河床上缓缓流过，这是因为河床宽；反之，河水到了水坝处，总是奔泻而过，就是因为水坝处涵洞窄小的缘故。你看，枯燥的物理公式就这样被轻而易举地记住了。

六、弹性用脑法（间隔记忆法）

意大利医学生理学家戈尔季说：朋友，你坐在塞满木柴的壁炉旁边，如果发现火烧得不旺，只要把里面的木柴拨动一下，火焰立刻冒上来了，木柴也就熊熊地燃烧起来。这段生动的比喻告诉我们，木柴经过拨弄，获得了新鲜的氧气，使它燃烧得更加充分。同样，我们也可通过经常"拨弄"大脑来调节紧张的神经，提高记忆力。

我们常常有这种体会：连续伏案看书时间长了，就会感觉大脑非常疲劳，即使再抓紧时间，强迫自己不休息，脑子也不听话，看什么东西也记不住。而且，越是不休息，疲劳时间越长，本来可以用短暂放松的方法就可以恢复脑力，现在却不得不放弃全部工作花上更多的时间去调整，真可谓"得不偿失"。

结构精细、功能健全的大脑，要接受、存储、发放无法计数的信息，进行频繁的思维活动，指挥全身器官有条不紊地工作。只是到了无节制的加班加点、超负荷的持久运转之时，它才会出现"罢工"和不听使唤，这在生理上被称为"保护性抑制"。这就明确地暗示你，大脑要休息了，或需要转换工作内容"轮换上岗"了。

上述都是一些行之有效的记忆方法。此外，还有联想记忆法、重复记忆法等，因为在本书的其他部分有所涉及，这里不再赘述。

在你为其他人的好记性而赞叹不已的时候，请记住，记忆并非神秘，好的记忆方法就在你身边，那就是——理解是记忆的基础，有了好的记忆方法，只要勤奋，你就将拥有"世界上最大的图书馆了"，你可要好好地利用它哟。

综合篇

精雕细刻市成舟
——SQ3R读书法

SQ3R 是英语 Survey、Question、Read、Recite、Review 五个单词的缩写。SQ3R 读书法是流行于英美的一种综合性的读书方法，它的汉语意思为：纵览、提问、阅读、背诵（或复述、回忆）、复习，这五个词语代表了读书过程中的五个步骤。所以，SQ3R 读书法又被称做"五步阅读法"或"五段学习法"。

SQ3R 读书法是在美国研究得出的一套比较完整的读书方法，在英美地区非常受欢迎。

一、纵览

所谓纵览，就是浏览。它的方法是先随意翻翻，"读书看皮，阅报观题"。首先大概地浏览一遍，尽力找出书的目的及宗旨，具体地说，就是读序言，或前言、跋、内容提要等，通过纵览，研究一下书的目录和索引。如果各章节还有提要的话，就读一下，很快决定取舍。

在纵览过程中，对正文的大小标题、图、表、照片及注解、参考文献等附加部分也要大致看一下，随着兴之所至和随意翻看，大脑就输入了多种信息，需要时，就可信手拈来，再进行精读。

二、提问

提问，则是在纵览的基础上，对书中的重点及难点之处，还有相关的注释、提示等提出一些问题。这是一个独立思考研究问题的重要环节。

提问又是拓展创造思路的好方法。而好奇心是发现问题和提出问题的前提，居里夫人说过："强烈的好奇心是科学家的第一美德。"当代著名物理学家李政道也说过："好奇心很重要，好奇才能提问。"古今中外凡有建树之人，都有强烈的探索大自然奥秘的好奇心，他们都是从提问开始走向发明和创造的。

洗完澡，把浴缸的塞子一拔，水就哗哗地流走，这本是司空见惯的小事，一般不会引起人们的注意。但是平时善于读书提问的美国教授谢皮罗就注意了这个现象，每次放洗澡水时，水的漩涡总是向左旋的，为什么流水总是逆时针旋转呢？

他带着这个问题向书中请教，同时不断进行研究和试验，结果发现这种漩涡与地球自转有关系。这一重大发现为解决台风的方向问题提出了理论依据。

可见，提问是SQ3R读书法中不可缺少的一环。它能使读书成为目的，明确思维活动。

三、阅读

阅读就是指带着提出的问题进行深入的阅读。如果一本书只是读一遍，就会像雷阵雨那样雨过地皮湿；而多次重复阅读，则如同春雨润大地，使人得到更多的知识甘霖。

阅读的方法有多种，如积累性阅读、理解性阅读、探测性阅读、评论性阅读、创造性阅读等等，在众多阅读方法中，我们提倡利用精读的方式。

精读是纵览的深入。我们在精读时，对不懂的知识要点、术语、词语等要搞清其准确意义，对重点段落、篇首、篇尾的关键性文字尤应引起注意，同时做些读书笔记以加深理解。

精读"好像牛吃东西似的，吃了以后再吐出来，慢慢反刍、消化"。在纵览、提问的基础上，利用精读，可以培养钻研、分析、归纳、推理的能力，也为今后的独立研究奠定基础。

古人说："泛滥百书，不若精于一也。有余力，然后及诸书。则涉猎诸篇，亦得其精。"这就是对精读的重要性所进行的高度评价。

作家碧野说过："读书的方法，一般说，首先精读，了解书中梗概和中心内容；然后细读，细嚼慢咽，在精彩处画上记号，最后精读，专心把精彩的部分再三琢磨，消化成为自己的血液。"这就是说，读一部书，应先纵览一遍，然后提出问题，再对逐章逐节反复阅读，经过思考，找出重点，记下疑点，然后反复推敲明确其中道理。

宋代著名学者朱熹把这种阅读方法喻为剥皮、剔肉、见髓。他说："初读时，把有体会的地方用红笔抹出；再读时，把有体会的地方用青笔抹出；以后又用黄笔抹出，三四番后，又用黑笔抹出。"

我的读书经验是：精其选，解其言，知其意，明其理。
——冯友兰（当代学者）

这样做的目的是：渐渐向里寻找到那精美处。经过细心体会，深入理解，就会收到去粗取精，去伪存真的效果。

阅读可以促进个性的发展和心理水平的提高，对整个读书过程都有很大的帮助。

同时，阅读时，还要注意发现和总结一些常有规律性的特点，对于精新的篇章段落要能够背诵。

四、背诵

背诵，又叫复述或回忆。背书是很有用的，司马光在谈到背书的重要性时说："读重要之书，不可不背诵。"熟读唐诗三百首，不会作诗也会吟。说得也是这个道理。背诵是巩固读书效果的可靠方法，也是古今学者自学成功的一个诀窍。

《三国演义》中，西川名士张松来到许都，曹丞相府主簿杨修拿出曹操的新作《孟德新书》以示炫耀。张松将书看了一遍，于是笑了笑，说此书是古时无名氏所作，在西川，就连小儿都能倒背如流，说罢从头至尾一字不漏地背诵一遍。

曹操听到这个消息后，心中暗想："莫非古人与我暗合否？"于是便将此书烧掉了。其实张松并不知道这本书，只是借着刚才阅读的机会，把这部书背下来而已。

数学家苏步青年轻时背过《左传》等文史书籍，对他后来的治学有很大的帮助。老作家巴金年轻时能背许多中外名著的章节。茅盾会背的书就更多了。桥梁学家茅以升 83 岁时，仍能背出圆周率小数点之后 100 位准确数值。马克思到了晚年，仍能大段地背诵歌德、莎士比亚、但丁等人的作品。

背诵的另一点好处是，可以利用一切时间去思考，它不局限于走路、干活、休息，都可默诵其文，深思其义，并和有关问题联系起来，有触类旁通的作用。

总之，背诵（或复述、回忆）就是在理解基础上的记忆。背诵要抓住主要东西，不要盲目地死记硬背。

五、复习

复习是 SQ3R 读书法的最后一步。在读书过程中，通过复习，能进一步消化、巩固和理解所学的知识，发现和弥补学习中的不足，使知识更加系统化、网络化，形成科学的知识结构，同时还可加强记忆，发展思维能力，对提高学习效率和质量都有重要意义。可以说，没有复习，就等于没有学习。

复习的作用是，第一可以释疑；第二可以加深理解；第三可以巩固记忆。复习的意义不仅在于不使遗忘，还可以通过复习归纳整理，形成自己的知识体系。

如果能经常复习知识要点，就会有一定的思路和对问题的基本理解，在此基础上能拿出自己的判断、推理、结论形成自己的理论知识。

可见，复习是 SQ3R 读书法中不可缺少的一环。

那么，在读书中，怎样使用 SQ3R 读书法呢？

其一是选书。结合自己的专业与特长去选读一些有关书籍。记住要读这本书的目的，如果这本书不适合你的目的或难易程度不合适，那就去另外找一本好的书。

其二是选好书后，在纵览之后能提出问题。把所碰到的和想到的问题记录下来，这样，可以启发你，迫使你思考，并调动已掌握的知识，对所学知识要学会批判和反问，避免眉毛胡子一把抓。

其三是在读书时，要经常翻到前边去，提醒自己不要忘记某些论点，做到经常复习。读书时，哪怕只复习几分钟，也能收到一定的效果。

总而言之，SQ3R 读书法中每一步骤所需的时间，取决于你所学习的各个学科和专业。虽然各学科的学习目的和方法不同，但在原则上，SQ3R 读书法适用于任何学习领域。

一根木头得志能行船，而 SQ3R 读书法则是加工木头的工具。用它精雕细刻木成舟，扬帆在知识的海洋中。

全面掌握文献内容
——全息读书法

全息读书法是一种全面掌握文献内容的阅读方法。适用于专业图书和工具类图书的阅读与学习。一般来说，非小说类作品的作者写书就像演讲一样：序言，告诉人们将要讲述的内容；每个章节，通常用相似的方式写成，章节的题目和第一段或开头几个段落点明主题，整个章节会将其扩展；最后以概述作结。如果一本书有小标题，小标题同样会有帮助作用。许多书还有其他线索，有彩色图画的，就要浏览一下图画和图片说明，有助于理解全文。全息阅读法就是对一书的全面信息进行阅读，不仅要了解本书的正文内容，同时还要了解隐藏在本书背后的许多信息。具体内容如下：

一、翻检题录和文摘

题录和文摘是一书的总的概要。阅读了这些内容，一书的全貌就有了概括的了解，在此基础上阅读原文就会有的放矢。

二、扫描目次和小标题

如果目次比较简略，可适当扫描文献中的各个小标题。

小标题是每一章节的概述，了解了小标题，对本章所要讲述的内容即有了初步的了解。

三、注意序跋

阅读序跋，有助于弄清楚该文献的取舍。"书山有路勤为径，学海无涯苦作舟"是古人的遗训，它告诉我们勤学苦读是求学之道。但是从效果上看，苦读和巧学应该结合。就说读书吧，要读得好，少走弯路，就必须有向导，这向导就是一本书的重要组成部分——序跋。读书先读这些内容，就像在书山里跋涉有了向导。

序，通常在一篇文章或一本书的前面，包括作者写的自序和请别人写的序。写序的目的和作用是向读者交代和这部作品有关的一些问题，如介绍书的内容，评论书的长短，交

> 人一旦学会了使用书籍，书籍便产生了巨大作用。
> ——勃洛克（俄国诗人）

待作者生平、成书的原因、目的和过程。序文短小精悍，文情并茂，体裁多样。读序不但给读者以读书的多方面启示，而且可以让读者享受到正文中所不一定有的文学艺术之美。

跋，有"足后"的意思，引申为书后的文字。跋实际上是后序，放在文章或书的后面。它主要是评述正文的内容或给正文作些补充说明。所以读书要先读序和跋，以对文章或书有全面的了解。否则，就像游览名山盛景却没有导游一样，会因遗留景观、领略不到盛景内涵而产生不能尽兴的遗憾。

世纪老人巴金在《序跋集》再序中说："我过去写前言、后记有两种想法：一是向读者宣传甚至灌输我的思想；二是把读者当做朋友和熟人，让他们看见我家究竟准备了什么，他们可以考虑要不

要进来坐坐。所以头几年我常常在序、跋上面费工夫。"从老作家的这番话里，我们不难看到，序、跋虽篇幅短小，却有统摄全篇、画龙点睛的重要作用。难怪即使是一位普通的作者，书成之后也要请行家名家写篇序文。既然序、跋的价值、作用非同一般，那么，我们读书就千万不要忘记读序和跋，并以此作为我们有效读书的向导。

四、研读凡例

非小说类图书尤其是工具书类图书在凡例里，给出了一书的编排体例、收录范围、收录原则、检索方法等等。掌握了这些内容，能使你少走弯路，节约时间和精力。例如：《世界名胜词典》凡例里，首先说明本词典收世界各国各地区名胜古迹近三千条，包括山、水、湖、泉、岩洞、园林、宫殿、寺庙、亭台、塔桥、陵墓等等，读者一看便知哪些内容在本词典里能找到，哪些内容没收录，节约了许多查找时间。

五、了解附录

附录是一书后所附的内容。包括年表、大事记等与该文献有关的信息，附录同时也从侧面判断文献在其他方面的参考价值。对于研究历史、人物、事件的真相等等都有着极大的参考价值。

六、阅读正文

浏览题录、序跋，凡例、附录等，实际上都是为阅读正文、深入透彻地理解正文打基础的。打个比方，如果把文摘、序跋等当做血脉，书的正文、书中的论述就是生命。只有将血脉与生命结合起来，肌体才会有生气。正文与其他部分结合起来，才是读书的好方法。

七、接触评价

评价性的文章，不仅反映评价者对文献的综合研究和分析以及全面的介绍和阐述，而且提出评价者的见解，指出问题所在或精华所在。接触评价性文章，可以提高认识水平，也可以了解哪些是基本文献，哪些是无关紧要的文献。

一篇好的书评，常常是读书的路标。读书和读书评的关系可以表现为两种形式：

其一，先读书评后读书。因为读了书评之后，对书有了一定的了解，使我们可以有目的地去读书，或者使我们带着问题去读书，这样读书就深入得多了。

其二，先读书后读书评，这是对我们读书的一次检验，也是一次再学习。读书评就可以发现：为什么人家体会的自己却没有感触？为什么人家分析得那么透彻，自己的认识却显得肤浅？这就能找到自己的差距，从而使读书更深一步。

马克思的《哥达纲领批判》，也就是他针对《哥达纲领》写的评论。假如我们先读了《哥达纲领》，对它的错误还不清楚的话，读一读马克思的《哥达纲领批判》，那精湛的论述、深刻的分析、严密的逻辑性，会使人茅塞顿开。

毫无疑问，书评也会有优劣之分，有些书评言不由衷，只知溢美，忽略书评的根本性质，这样的书评我们并不提倡读。我们提倡读言之有物、有分析、有见地的书评。把读书与读该书的评论结合起来，这是使用全息读书法不可或缺的一个重要手段。

中国有句古语，叫做"工欲善其事，必先利其器"，全息读书法就是一种治学的利器，善于利用正文以外的信息，可以使我们少走弯路，比漫无边际地读书要省时省力得多。

与信息传递程序同步
——六步读书法

　　读书，实际上是一个知识和信息传递的过程，其有效性受到人、书，读书的目的、时间、场合等因素的制约。人作为读书活动的主体，在读书之前应有的准备是：确定读什么书？要达到什么目的？花多少时间？在哪儿读？这些都心中有数了，才算有准备了，才能排除干扰，保证读书活动的顺利进行。

　　读书活动包括外部操作程序和内部传递程序两个相辅相成的方面。内部传递程序，可以概括为视觉接受书面信号至大脑神经，引起有关神经元的兴奋，进行一系列信息的比较、选择、组合、储存等活动。可见，这个程序的关键部件是眼和脑。视觉的视幅越大，在一行字上注视的次数越少、时间越短，传递的信号就越快、越多。

　　因此，脑的活动与眼的活动应该同步，以及时地妥善地处理信息——这就是为什么读书必须专心致志的缘故。"六步读书法"就是适应这个内部传递程序，提高信息处理效能的外部操作程序的方法。此法可与每个人的读书特点融合，发挥每个人读书的长处，因而普遍适用，人人可行。

第一步，视读——以尽快的速度通读全书

　　这不是一般的默读默念，而是用眼睛扫。必须摒弃一字一

词，像打字机打字那样的读法。要逐步训练使眼睛像摄像机扫描那样可以一眼读一行、读一段的敏捷性。这当然是高度紧张协调的眼脑活动。

实践证明，视读是完全能做得到的。根据现代科学对人脑的研究，信息进入脑中不是以语言符号的形式作为接受单位，而是以语言符号的意义作为接受单位的。因此，在这一步上，脑的活动主要是从意义上发现、概括、理清全部头绪。

第二步，回忆——掩卷而思，尽量按全书的线索作闪电式的回忆

回忆的目的一方面是为了强化视读中的脑活动，巩固有关神经元的兴奋灶，使信息的痕迹得以深刻；另一方面是为了在把握全书的框架的基础上，找到各个插口，也就是把握读书过程中最关键的信息。

理论作品可以是论题，论证、结论，或者假设、验证、结果；文艺作品可以是情节发展的一

> 学到很多东西的诀窍，就是一下子不要学很多东西。
> ——洛克（英国哲学家）

个个阶段，或者人物塑造的一个个层次。全书的关键信息掌握了，就能够浓缩全书的内容，提炼全书的意义的精髓，也就是在更高的层次上，综合各个意义，进行概括。诸如理论作品的基本观点、主要论述及其论述特点；文艺作品的主题、主人公和主要人物的形象，及其艺术特点，等等。

回忆中当然会有遗漏和错误的地方，但错误的东西又往往不能自圆其说，在下面的程序上还可以发现和纠正。重要的是，这一步中把厚厚的书在脑中变得薄了，抓住了书中重要的实质性的东西。

第三步，设疑——不断提出问题，深化阅读奥秘

古人云"疑者，觉悟之机也，小疑则小进，大疑则大进"、"学则须疑"，阅读亦如此。

● 比较生疑。我们都知道比较能生疑。"比较是理解和思维的基础，我们正是通过比较来了解世界上的一切"。鉴于这点，我们在阅读时可以对某些与之相关性的作品加以比较、对照，提出疑问进行思考，借此区分正误、是非、优劣、雅俗，从而不断提高认识水平与阅读能力。例如：朱自清和俞平伯分别写了题目相同的文章《桨声灯影里的秦淮河》。我们阅读时就可围绕文章的情思主旨、风格语言进行质疑，找出他们的异同，提高自己的读书能力。

● 想象生疑。阅读要意志专一，但不排除想象。阅读时，目光聚得拢，思绪放得开，"寂然凝虑，思接千载；悄焉动容，视通万里"，这是一种积极的良好的阅读心理状态。这个状态中就包含了想象这一思维活动。这里的想象不是不着边际的胡思乱想，而是带着一定的问题，凭着阅读材料的某种联系去思考，向四周辐射，向纵深发展，绽出思维的花朵。例如《孔雀东南飞》第四部分的最后，写到刘兰芝、焦仲卿双双殉情，将全诗的感情推向高潮。作者为什么这样安排？不这样写会怎样？这种疑问会引导我们做更为深入的研讨。

● 无疑生疑。阅读中我们常常会碰到似懂非懂的问题，对于这些问题决不能轻易放过，而要无疑处设疑培养自己的创造性思维。例如：《一件小事》中为什么鲁迅先生用"头破血出"而不用"头破血流"？《珍珠赋》中提到"芙蓉"，字典上说"芙蓉"有两种：木芙蓉和水芙蓉。它们开花季节不同，本文中究竟指哪一种？上面说的这些问题貌似无疑，但细究一下就能小中见大，品出诗文中的深味及奥妙。

设疑的前提是先要弄清作者为文的本意，然后认真阅读，不断

思索，举一反三，纵横比较，才能不断提高阅读水平，最终实现融会贯通，无可质疑的境界。

第四步，研读——对书中有关部分，或对书中精彩的部分重新读

分析透视是研读过程中的一个重要环节。这种研读，有过滤式，有解剖式，还有综合式等等。但是，不管什么形式，都要细心体会所要分析的材料，辨析其特殊的情境，找出相关材料之间的关系，真正达到分析透视的目的。

这种重读，同时伴随着对疑问的思考，直到思考有了较满意的体会为止，因而可以根据自己思考性读书的习惯去读，朗读、轻声读、默读、视读，读一遍、读几遍，读读停停，都未尝不可。但是，一定要打破砂锅问到底，决不可浅尝辄止。

发现问题和提出问题固然重要，但分析问题和解决问题更为重要。研读就是为了将问题具体化并加以逐步解决。研读时的思考是思辨性的，不是单纯的接受，而是在判断中取舍，区分"不能接受"或"可能接受"的内容，就好像在跟书的作者进行辩论。不仅在有疑之处这样做，即使是对书中精彩处也"须教有疑"多问几个为什么，调动自己的知识和信息的有关库存，去融会那些精彩处。

因而在研读的过程中，发问阶段造成的解结动势，终于激发出不可抑止的思维流，不管这种思维流是顺畅的还是曲折的，都必然具有融合、丰富和扩展的特点。读书到达这一步，应该有不到长城非好汉、非征服几座高峰不可的气势，促使思维流达到一次又一次的高潮。显然，这是属于求解式的读书，是对书的某些部分的精加工，是把书读厚了。读书的苦与乐在这里表现得最充分，"每有会意，便欣然忘食"，最简要传神地道出了此时的境界。

第五步，理得——这是读书的冷处理阶段

读书中的大大小小，宗宗件件的收获，需要进行梳理。读书必须有所得，所得必须清楚明白。

如果读了一本书，觉得收获很多，却说不出所以然，显然这些收获还处于混杂模糊阶段，是靠不住的。其结果往往是随着时间的推移而忘却，即使没有忘却的东西也很难灵活地运用。理得有三种形式：一是重点回忆。也是掩卷而思，不过这次回忆的内容是收获和体会，对所有的"得"进行排列归类，给予条理化和序列化。二是制作卡片。把书中传递的新知识和新信息记在分类卡片上，或抄原文，或写提要。三是写心得或札记。这当然是比较综合的理得方式，一两篇、三五篇都可以，不拘字数和形式。当然，基础较好、有一定水平的人，还可以写成评介文章，以至研究、综述性文章。

第六步，复读——再将全书看一遍，有些章节，特别是研读过的章节，不妨翻跳过去

这是最后的全面回味阶段。可以紧接理得之后，也可以隔一段时间。但是，根据德国心理学家艾宾浩斯的遗忘曲线和多数人的实践表明：相隔的时间不宜过长。一般是在一周之内最好，最长不要超过一个月。

一般人没有复习习惯，以为除基础性的书籍外，何必去"温故"，殊不知这是一大损失。复读不仅对巩固全书的记忆和理解有着特殊的作用，而且往往会有新的发现。这也就是所谓"温故知新"吧，由于复读是对有印象的大脑皮层的相关部分做非紧张性质的印证和考查，某些曾经被抑制的神经元，这时还可能活跃起来呢！

如果你想记住任何东西，你要做的一切就是将它与已知或已记住的东西联系起来。

从时间中找时间
——统筹读书法

    时间对于我们每一个人来说是最公平的——它赐予我们谁也不多，谁也不少。然而每个人在时间的管理和使用上，却不尽相同。合理地安排、有效地利用，可以给你带来知识和智慧，可以带来财富和幸福。反之，时间就会抛弃你、惩罚你，给你留下惆怅和懊丧。因此，在读书中对时间合理安排、充分利用是不容忽视的。那么，我们应该如何去合理地安排与利用时间呢？这就要运用"统筹读书法"。具体来说，就是要做到以下几点：

一、不妨给自己设计一个读书时间利用表

    这个时间利用表，不是简单机械的读书用时分配，而是科学地安排时间和以顽强的意志争分夺秒地利用时间这两者的有机结合。要根据所选定的目标明确自己的主攻方向：要使自己的研究水平达到什么程度？在某个领域内准备有哪些突破和建树？最终创造的成果是什么？之所以设计一个读书时间利用表是因为要在时间利用表的规划内，有一个明确的读书目标，使自己在每一年、每一个月甚至每一天都有一个可遵循的轨道，而不至于迷失方向。

    设计读书时间利用表，要考虑四个方面的因素：

- 本职工作的性质与读书内容之间的关系。
- 所选图书的学科专业特点。
- 个人的生活方式、习惯与体力、脑力的竞技状态。
- 读书的环境与条件。

通过全面分析和综合考虑这些因素，看一看自己对时间的安排与利用有哪些优势，如果读书的内容正好与本职工作直接相关，就等于成倍地增加了自身的读书时间。假如读书完全占用的是业余时间，那就应根据专业的需要和特点，结合自己生活、学习的习惯来安排时间。若读书的环境和时间的条件极差，则更应在运筹的实践中，设计出自己的独特的时间利用表。

另外，要严密地计划时间。

俗话说，吃不穷，穿不穷，计划不到才受穷。人们工作有计划，花钱有计划，

> 利用时间是一个极其高级的规律。
> ——恩格斯（德国思想家）

但时间支出却往往无计划。没事干的时候，时间白白溜掉了；需要时间的时候，又偏巧没有了时间。这是时间利用上最大的漏洞。

苏联著名昆虫学家柳比歇夫在平时工作、读书中非常注意核算计划自己的时间。他把每天有效的时间算成 10 个小时，分为 3 个单位或者 6 个"半单位"，正负误差 10 分钟。再把本身的学习工作任务分成两大类 第一类为中心工作，包括攻读、研究、写作笔记等。第二类为间接工作，包括开会、听报告、读文艺作品等。除了最富于创造性的第一类工作不限定时间外，所有可计算的工作量，都必须在规定的时间内完成。

柳比歇夫从 26 岁那年起便采用时间统计法，把每天读哪些书、用多长时间，都事先规定好，到晚上再核算时间是如何用掉的，一天一小结，一月一大结，年终一总结。一直坚持到 1972 年他逝世那一天，从未间断。

通过这种严密的时间计划，有效地保证了他每一小时的时间都得到了充分利用。柳比歇夫一生先后发表了七十多部学术著作，写了 12500 张打字稿的论文和专著，内容涉及昆虫学、科学史、农业遗传学、植物保护等，可谓硕果累累。

武汉大学经济系研究生朱玲，也不失为这方面的一个典范。她平时很注意自己生活、学习、娱乐的规律化，专门备有一个"账本"，记载每天在专业研究、基础课学习、文化娱乐、体育锻炼、社会交往等项目上各用了多少时间。晚上临睡前用 8—10 分钟进行小结，检查每天对时间利用得是否经济合理。这样做的效果极明显，起到了监督和提醒的作用。

有一段时间，她发现自己每天的学习时间下降到规定的 10 小时以下。一查账本，发现是由于课后的一个半小时，被回到宿舍聊天和干杂务事而大块地侵占了。于是便采取到阅览室去看书或做作业的办法，堵塞了这个漏洞。结果，她利用堵塞漏洞的时间写作出版了《学习漫谈》、《〈资本论〉纲要》两部专著。

由此可见，时间是个常数，在勤奋者面前，它又是个变数，就看你计划安排得是否合理。善于计划安排时间的人，能使每一分每一秒都能得到充分利用，并且比用"小时"来计算时间的人，时间多 59 倍。

二、充分利用零碎的时间

达尔文曾说过："我从来不认为半小时是微不足道的很小的一段时间。"我们知道，时间是以单元来计算的，已经参加工作的青年朋友一般来说很少有整段的时间读书，平时所能掌握支配的基本上是一些工余、会隙、饭后等十几分钟或半小时的时间空闲。这些空闲时间虽然很零碎，不起眼，但是如果把这些零碎的时间合理地使用起来，也是很了不起的。

天津棉纺一厂的绘图员施振起便是靠零碎时间读书而自学成才的。他一家四口人，妻子身体不好，家务繁多，学习时间紧。面临这些困难，他利用劈木柴、生炉子、做饭的间隙，视时间的长短抓紧读书学习。时间短就练习一些数学的简单公式；时间稍长就演算几道题；若时间再长，就解决几道难题。他把数学公式绘成图表，装在口袋里，以便在休息时、睡觉前，甚至抱孩子时复习。

几年来，他靠这些零碎时间苦心治学，先后出版了《初等代数复习一览图》、《三角函数复习一览图》、《自学成绩自检图》等。

著名数学家苏步青教授，虽然年愈古稀，身兼数职，社会活动很多，却仍能抽出时间著书立说。当别人问他哪来的这么多时间，苏步青回答说："我用的是零布头。做衣裳有整体固然好，没有整段时间，就尽量把零星时间利用起来，天天二三十分钟，加起来可观得很。"有人算过这样一笔账，每人每天可支配的零碎时间约有2小时，如果加起来，一年就是730个小时。假如一个人活60岁，从20岁算起，40年间就有29000多个小时，相当于读8年大学的时间。可见，零碎的时间在我们读书学习中是多么重要的一部分啊！

三、选择掌握时间的最佳点

在一天之中，读书时间和读书效果有很大的关系，但并非读书时间用得越长，效果就越好。因为效果的好坏不是由时间长短而定的，而是取决于人体大脑是否在最佳显效兴奋状态之中。如果大脑处于最佳显效兴奋状态之中，思维活跃，头脑灵通，读书效果就好；如果大脑处于疲劳之中，思维滞缓，情绪懒怠，学习效果就差。

那么，一个人一天中大脑究竟在什么时间显效最佳呢？英国学者经过对人体大脑测试后发现，在一天24小时中，人的大脑有4次最佳显效的"黄金时刻"。

第一次是早4时至6时。所谓一日之计在于晨，指的就是这一大好时间。上午 9 时到 11 时，此时大脑注意力强，记忆力好，是第二个黄金时刻。下午 17 时到 19 时，人们嗅觉和味觉达到最好状态，脑力、体力和耐力又进入一个高峰期，这是第三个黄金时刻。晚上 20 时至 21 时，脑力又处于活跃时期，是一天中第四个黄金时刻。

通常情况下，每个人在一天中有 4 次大脑最佳显效时间，而对这 4 次黄金时刻，选择哪个时间作为自己的最佳点，就需要根据自己的生活习惯、客观环境条件以及生物钟的规律来选择确定了。

如果你感觉清晨能全神贯注，头脑清醒，那么你就把艰深的学习内容和创作安排在此一日之晨；如果你感觉夜间精力充沛，思维敏捷，那就充分利用夜晚的黄金时间，挑灯夜战，甚至通宵达旦；如果你无论是白天还是夜晚都能够保持旺盛的思考力，适应各种环境，那就恰当安排自己的睡眠和休息，使头脑得到松弛，以换取更充沛的精力学习和工作。总之，具体选择哪一段最佳点，要因人而异，要遵循人体周期的规律，大可不必刻意去追求或固定哪一段时间。否则将会适得其反。

合理地安排时间，就等于节约时间。有计划地安排时间，就能获得更多的知识。

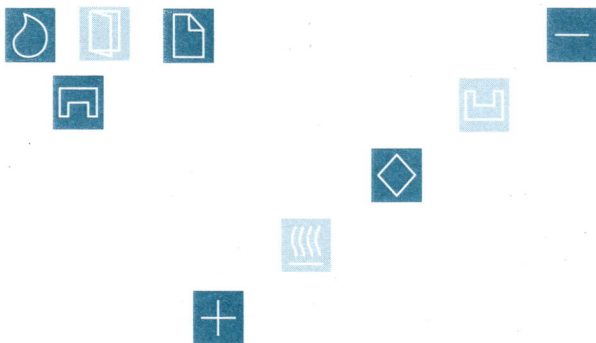

欲速则不达
——循序渐进读书法

古往今来,但凡研究读书之道的书籍或文章,无不提及"循序渐进"的读书方法,这种方法也一直为古今中外历代学者所重视和倡导。这是为什么呢? 大概是因为书中知识体系的内在逻辑所呈现出的由低到高、由浅入深、由简至繁的发展规律所决定的吧! 而如果给这个规律以形象的比喻的话,就如同我们平时所进行的登山活动一样。

人们登山时,就是从山脚下开始,经过一步一步地由山脚下循序到山腰,又由山腰渐进至峰顶的过程,最终一览众山。这个登山的过程便是循序渐进的过程,其过程揭示了一个道理:"登峰至极山下起。"

读书也是这个道理。所谓循序,就是遵循知识发展的内在逻辑和客观规律;所谓渐进,就是由低层次知识到高层次知识,由浅入深,由点到面的读书、求知与深造。循序渐进读书法,既符合知识的结构原理和逻辑体系,也符合人们获得知识、认识世界、改造世界的发展规律。

我国古代"拔苗助长"的笑话,说的就是一个愚人嫌麦苗长得慢而去将小苗拔高的故事。结果,虽然从表面上看虽然麦苗是高了一些,实质上却使之大伤元气,枯萎而死,最后落得个颗粒无收的下场。这个故事形象地告诉我们,"欲速则不达",倘若不遵从事物发展的客观规律,必然受到无情的惩罚。

从人们探求知识的规律来看,也必须遵循循序渐进的原则。最初人们认为构成物质的基本成分是分子，继而又认识到原子是不可分的最小单位。到后来，又发现原子是由电子和原子核构成的。而现在，随着科技的发展，已经获知原子核是由中子和质子组成的。物质构成的由外至内的客观规律，决定了人们认识上的由浅入深的发展。而如果不按照循序渐进的原则，必然违反人类认识的规律，那么人们对客观世界的认识及对知识的求知与深造就无从谈起。"循序渐进"的读书原则，是我国宋代著名学者朱熹最早提出的。"循序而渐进，熟读而精思"是他的一句至理名言。对于读书，他主张"字求其训，句索其旨，未得乎前，则不敢求其后，未通乎此，则不敢志乎彼，如是循序而渐进焉，则意定理明，而无疏易凌措之患矣。"针对急于求成者，他还说："学者观书，病在只要向前，不肯退步，看向前，愈看得不分晓，不若退步，却看得牢。"就是说，读书要扎扎实实，由浅入深，循序渐进，有时还要频频回顾，以暂时的退步求得扎实的学问。

我国著名科普作家高士其也提出过读书要循序渐进，应该由近而远，由小而大，由简而繁，由低到高。第一步不搞清楚，就不要去搞第二步。不要好高骛远，不能急于求成。任何一门知识都有其内在逻辑和规律，所以人们读书求知也要有一个由浅入深的渐进过程。

那么，如何做到循序而渐进呢？

首先，要打好坚实的基础

每一门科学都有它的基础知识，都有先修后继书目次序，因此，入门务必先学好它的 ABC，遵循科学的学科结构之序，掌握学科的知识体系和层次关系，注意新旧知识的前后联系，以利于按照规律逐步渐进地学习提高。

意大利文艺复兴时期的著名画家达·芬奇，从 14 岁起从师学习绘画。他的老师弗罗基俄天天让达·芬奇学画蛋。时间一久，

达 · 芬奇就不耐烦了，埋怨老师：天天如此地画，能画出什么呢？弗罗基俄于是耐心地开导他：如果你认为画蛋很容易，那就错了。事实上，在一堆蛋中，其形状也是各不相同的；即使是同一个蛋，从不同的角度看，投来的光线不一样，画出的蛋也不尽相同。画蛋是基本功，若要成为一名艺术上有成就的画家，就要从基本功学起，而且这个基本功必须学好。

在老师的严格指导下，达 · 芬奇孜孜不倦地苦练基本功，画了三年蛋，为以后绘画打下了坚实的基础。终于使艺术技巧达到炉火纯青的境地，从而创作出《蒙娜丽莎》、《最后的晚餐》等不朽的艺术作品。

著名数学家华罗庚为打下数学课程的基础，用了五六年的时间。华罗庚最初自学时，由于基础打得不牢，结果使所学的知识成了"夹生饭"。这个教训使他领悟到，急于求成看似很快，但却容易使基础虚而不牢，不符合读书的辩证法。于是，他就宁肯比在学校里学得慢些，练习做得多些，用了五六年的时间才学完高中课程。这个过程看起来似乎学得慢了一些，但"磨刀不误砍柴工"。由于基础学得扎实，所以后来华罗庚到清华大学不久，就听起了研究生的课了。

古今中外众多名家们的成长进一步说明，基础是提高的前提和必要条件，基础不扎实，就是大科学家也难以迈出循序渐进的步伐！打好基础对于获得更多的知识，取得成功，是多么的重要！

其次，要注意知识的积累与渐进

读书渐进需要有质的提高，同时也需要有量的积累。任何一门科学知识，都是从无到有，由少至多，一点一滴积累起来的。必须经过循序渐进、从量变到质变的过程。

著名生理学家巴甫洛夫所创立的关于高级神经系统规律的学

说，就是经过了几十年的艰辛劳动，掌握了大量材料，进行逐步长期研究的结果。对此，巴甫洛夫认为："要循序渐进，循序渐进，循序渐进。你们从一开始工作起，就要在积累知识方面养成严格循序渐进的习惯。"巴甫洛夫在这里如此强调循序渐进，其道理是十分明显的，那就是高深的学问，要从最基础的知识积累渐进而得。

知识积累在循序渐进的读书过程中，作为基础固然十分重要，但我们在知识积累的同时，更要重视知识的渐进与提高。因为积累只是渐进的手段，而不断渐进至学科的顶峰才是读书的最终目的。只有渐进，才能达到质的提高，才能产生认识上的飞跃。而且，知识的连贯性与继承性也迫使求知的人读书时必须采取渐进的方式。如果只积累不渐进，就会停滞不前，辛苦积累的知识最终也会成为过时的"知识垃圾"。

例如，我们在学习语言时，最初由语音开始，而及生字，然后学习词组，再学习句子。按照语言知识的有序性，由简至繁，由低层次知识到高层次知识，逐渐提高语言能力直至学会写作文乃至创作出鸿篇巨著。

我国电光源专家蔡祖泉只读过小学三年书，在自学过程中，他遵循循序渐进的原则，首先补习了初中数理化及外语的课程，接着，又补习了高中全部课程。在此基础上，他全身心地投入到大学的电学课程。就这样，通过依序的渐进，他边学习边实践，最终学有所成，所研究的一个又一个成果在渐进的过程中得以实现。

与之相反，英国著名物理学家牛顿，少年时代曾有过一次难忘的教训。牛顿在学习欧几里得《几何原本》时，认为书中多是一些常识性的内容，便弃而放之，越级跳过。他想走一条捷径，学起高深的《坐标几何学》来。结果，他在接受德利尼奖学金的考试中，成绩一塌糊涂。

从蔡祖泉的成功之路和牛顿的失败教训中我们可以看出，不遵循循序渐进的原则，想一步登天，越级求进，急功近利，必然要尝到失败的苦果。可见，读书遵循渐进的原则在读书提高的过程中有多么重要!

生理学家巴甫洛夫曾经告诫青年朋友说:"你们在想要攀登科学顶峰之前,务必把科学的初步知识研究透彻。还没有充分领会前面的东西时,就决不要动手搞往后的东西。"科学家的忠告使我们悟出一个道理,即在读书生活中,务必遵循科学的读书方法,一方已熟,方读一书。

总而言之,循序渐进是一种按照知识的逻辑体系由低到高、由简至繁、有系统有步骤的科学读书方法。我们应当学会并正确掌握运用这一方法,使我们读书时做得更好。

读书做学问没有一步登天的捷径,必须老老实实一步一个脚印地走,才能到达知识的顶峰。

掌握技巧，事半功倍
——高效读书法

　　读书同做其他事情一样要讲究方法。同样是骑自行车，学会和掌握了正确方法的杂技演员能使骑车成为一门艺术，一般人则只是骑骑而已。同样是下棋，掌握精湛棋艺的人能使下棋成为一门学问，一般人只是随便玩玩而已。同样是读书，效果却迥然不同，会读的人读得又快又好，一般人只是能读而已。可见，在研究方向正确的前题下，方法优劣具有决定性的意义。

　　当今，随着信息的激增，读书的任务也日益艰巨和复杂。谁有了良好的读书方法，谁就能在攀登事业的峰峦中捷足先登，一路领先。

　　可是，正确的读书方法并不是天生的。有许多青年朋友都曾经苦恼地说过："为什么我书读了很多，效果却不大？""为什么我越读脑子越像一锅粥？""为什么……"这些朋友之所以读书收效甚微，多半是其运用的阅读方法有问题。只要改进阅读方法，在你的阅读技巧上用工夫，就会产生魔力般的效果。

　　那么，改进阅读技巧的方法有哪些呢？

　　本文介绍 6 种高效阅读方法可供你参考。这些改进方法，虽然要求你辛勤地工作，但是效益是巨大的。只要求你愿意去试一种新方法来运用你已有的知识，就可能收到事半功倍的效果。

一、语调法

大家知道，默诵是阅读和理解过程中的一种方法。你可以运用它来作有高度理解能力的快速阅读。

最有效地运用默诵是通过语调。语调指的是在读句子时是用升调还是用降调。用语调阅读也就是人们所说的有表情地阅读。

怎样用这个方法，就得让你的视线像通常一样在书页上快速移动。你不必发出任何声音，但要让你的思想在每一行上回旋，用一种"内耳"听得见的语调节奏。这种有表情的阅读，能使文字变成书面形式所失去的重要韵律、重音、强音和停顿重新发挥作用，有助于理解和记忆。

为使不出声的语调阅读方式成为你的阅读习惯，开始的时候，你可以用大约 10 分钟的时间，在自己的房间里大声地朗读完小说中的一个章节。朗读时就像在朗诵戏剧中的台词一样，要带有夸张的表情来念。这样你的脑子里逐渐会建立自己的一些语言模式，在你默读时，就会更容易"听到"它们。

二、词汇法

也许没有什么方法能比积贮丰富而精确的词汇这一方法，更可靠地永久提高你的阅读能力。

运用这一方法，要求你把每一个词都当做一个概念来学习，不仅要知道这个词的主要含义、次要含义，还要了解它的来源，掌握它的同义词及它们之间的细微区别，以及它的一些反义词。这样，你在阅读中遇到了这个词时，大量的词汇便会闪现在你面前，启发帮助你理解这个句子、段落以及作者想表达的思想。

不过，丰富的词汇要靠你平时有意识地积累，只要你坚持，时间久了，你的脑子里就会逐渐建立一个储藏丰富的"词汇库"。

三、回忆法

回忆是自我检查学习效果的一种有效方法。读完书之后，全面回想一下书中的内容，进行自我提问，看看记住了哪些，还有哪些问题没有理解，哪些内容没有记住。然后再去翻书本。

我国著名作家林纾曾花 8 年时间苦读《史记》。他的方法是，读完一篇后，就用白纸盖上，默默地回忆读过的内容。如果有的地方不全，就说明读得还不够。于是有针对性地再读一遍，再作回忆检查。就这样，他对《史记》的阅读很有成效，不仅精通了历史，而且学到了司马迁撰文著书的大手笔。后来他与人分译的《茶花女》等书，以俊逸的文笔风靡一时，直到今天还继续出版。

许多学者在治学时都有"过电影"的习惯。像著名化学家唐敖庆那样，每天晚上"集中精力在脑子里先放电影"，想想全天都读了些什么，有哪些收获。这也是"回忆"的好方法。以上所述是回忆法的一种，也是平时人们所指的回忆法。这里还要介绍一种"了不起的"回忆技巧，我们不妨称它为"吉本回忆法"。吉本是著有《罗马帝国衰亡史》的英国伟大历史学家。他的这种回忆技巧只是指有组织而认真地运用人们的一般背景知识。

具体来说是，在开始阅读一本新书或者在撰写某一课题之前，吉本经常是独自一个人在书房里待上几小时，或者是独自长时间地散步来回忆自己脑中所有的有关这一课题的知识。当他在默默地思考着主题思想的时候，他会不断惊讶地发觉，

> 良好的方法能使我们更好地发挥运用天赋的才能，而拙劣的方法则可能阻碍才能的发挥。
>
> ——贝尔纳（法国生理学家）

他还可以挖掘到许多别的思想和思想片断。

"吉本回忆法"是极其成功的，因为他所凭借的是一些自然的学习原理。

四、段落法

大多数作者是一段段地讲述自己的思想。因此，要像教师将把这篇文章教别人一样，认真对待每一段，直到你能回答这样一个问题：作者在这一段究竟讲了些什么？你就有把握获得成功。

那么，怎样运用段落法呢？

具体做法是，当你读完每一段或有关的几个段落后，都停顿一下，将段落内容概括压缩成一句话。要学会概括和压缩，就必须了解掌握 3 种主要的句型，即段落主题说明句、论证句及结论句。

● 段落主题说明句，常常是作者用一句话在段落中加以提示和归纳主题的句子。它可以出现在段落中的任何处，但通常是段落的第一句。对于这样的句子，当你发现就立刻把它画出来，以示醒目。对于没有主题说明句的段落，则要通过自己的分析和归纳得出段意。

● 论证句，是用来解释和证实主题的句子。描写的是事实、理由、例子、比较及其他有关细节。所以最重要，因为正是这些句子说明读者接受作者的思想。

● 结论句，是用来概括讨论内容、强调重点和重述整个或部分主题的说明句。一般是每段的最后一句话。

五、背景知识法

美国杰出的心理学家戴维 · 奥苏贝尔指出，阅读的关键性先决条件是你已经掌握了背景知识。奥苏贝尔的意思是如果你要理解所读的内容，就必须运用已掌握的知识，即背景来理解它。背景知识不是生下来就有的，是你通过直接的和间接的经验而积累起来的。

如果你能认真地读几本好书，会使你在很大的程度上改进阅读。因为这样做不仅会使你得到很多练习的机会，更重要的是你可以积累大量的概念、事件、名字以及思想，丰富你的背景知识。这些背景知识将在你今后的阅读中发挥巨大的作用，提高你的阅读效率，而且被运用之频繁令人惊奇。

最初，可以从你感兴趣的书籍和科目开始。如果你的兴趣狭窄，那也不必烦恼，一旦你开始阅读，兴趣就会自然扩大的。

六、结构形式法

有效的阅读的秘诀是思考。就是说你必须思考你所读到的内容和它所代表的思想。这听起来简单，但事实上并非如此。许多朋友阅读时常常思想不集中，也就是平时所说的"思想溜号"。美国哲学家和心理学家威廉·詹姆斯说，每两三秒钟总有一个思想或念头猛撞着我们的意识之门，把门摇得咯咯作响试图进入。难怪，要使我们的思想集中到正在阅读的内容上是很困难的。

怎样才能使思想不溜号呢？

有一种方法可以使你阅读时思想不溜号，就是注意弄清作者的思路，也就是我们所说的认识作者所用的结构形式。

这样，你就去和作者一起思考。例如，你认出你正在读的段落是按时间顺序写的，你就会对自己说："我知道她在写什么，她是把所发生的主要事件按年份来描写的。"这样，你的思想就会时刻逗留在你读的作品上，并不断地思考它。

为使你能够在阅读中较快地认出作者所用的结构形式，这里简略介绍几种最常用的结构形式，供你阅读时参考。

● 时间型，所有事件都是按照发生时间的先后顺序来描述的。

● 空间型，各事项都是根据事件发生的地点或彼此有关的安排来讲述或讨论的。

● 过程型，按事情进行或事物发展的顺序来叙述的。

● 因果型，这个形式有几种变化了的类型，如问题—起因—解决型；问题—效果—解决型等。

● 重要性递增型，作者将一串事件中最重要或最富有戏剧性的事件放在叙述过程中的最后。这样会产生逐渐加强的效果，也是平时所说的高潮型。

● 重要性递减型，作者将一连串事件中最重要和最富有戏剧性的事件放在叙述的开头。这样的结构能一下子抓住读者的兴趣。

● 比较或对照型，作者想要强调事物、事件或人物之间的相似点时，常运用比较的方法；想要强调他们之间的区别时，则常运用对照的方法。

谁掌握了高效读书法这种"智慧的钥匙"，谁就可以打开知识的大门，进入科学的殿堂。

事必有法，然后可成
——"二十四字诀"读书法

南宋著名学者朱熹 18 岁中进士，官至湖南安抚使。一生为官不过 14 年，大部分时间都是用来读书讲学。

朱熹非常重视读书治学的方法，他在《孟子集注》中说："……事必有法，然后可成。"他是我国第一个系统研究读书理论和读书方法的人。他把"格物致知，读书穷理"和"为学之实，固在践履"作为读书的基本原则，并在研究总结前人的读书经验和他自己长期艰苦治学实践的基础上，提出了一系列颇有见地的读书方法，对后世影响很大。朱熹死后不久，他的学生辅汉卿等把这些方法概括为"朱子读书法"。用 6 句话，24 个字概括为：循序渐进、熟读精思、虚心涵泳、切己体察、著紧用力、居敬持志。这就是朱熹的"二十四字诀"读书法。

一、循序渐进

朱熹认为，读书要按照书本的逻辑体系和读者的智能水平有系统、有计划地进行。"譬如登山，人多要至高处，不知自低处不理会，终无至高处之理。"

为什么要循序渐进？朱熹说："大抵近世言道学者失于太高，读书讲义，率常以径易超绝，不历阶梯为快。"他认为，这种"自低处不理会"、"以径易超绝，不历阶梯为快"的读书方法是为学之大患。只有踏踏实实，一步一个脚印地自低向高攀登，才能登上高峰。

怎样循序渐进？朱熹在《读书之要》中说："以二书言之，则先论（语）而后孟（子），通一书而后及一书，以一书言之，则其篇、章、文、句，首尾次第，亦各有序而不可乱也。

> 学习要得法。得法者事半功倍，不得法者事倍功半，甚至一事无成，好的学习方法是从善于总结中得来的。
> ——吴运铎（当代作家）

量力所至，约其课程而谨守之，守求其训，句索其旨，未得乎前，则不敢求其后，未通乎此，则不敢志乎彼，如是循序而渐进焉。"

朱熹所说的循序渐进，主要有三层含义：

- 要注意新旧知识的前后联系，打好基础。
- 要量力而行，不要超越自己的智能发展水平。
- 要加强复习，巩固所学知识。

二、熟读精思

朱熹认为，读书要从反复诵读入手，做到读与思、熟与精结合，力求透彻理解和领悟，牢固记忆和掌握。

为什么要熟读精思？朱熹在《沧州精舍又谕学者》中说："书不记，熟读可记；义不精，细思可精。"读书只有熟读，才能"使其言皆若出于吾之口"；只有精思，才能"使其意皆若出于吾之心"。

怎样熟读精思？朱熹在《童蒙须知》中说："凡读书……须要读得字字响亮，不可误一字，不可少一字，不可多一字，不可倒一名，不可牵强暗记，只要是多诵遍数，自然上口，久远不忘。古人云'读书千遍，其义自见'，谓熟读则不待解说，自晓其义也。"他在《朱子语类》中又强调："读书之法，读一遍了，又思量一遍；思量一遍，又读一遍。读诵者，所以助其思量，常教此心在上面流转。""若读得熟又思得精，自然心与理一，永远不忘。"朱熹认为，精思的过程是从无疑到有疑，又从有疑到解疑的过程。他说："读书始读，未知有疑，其次则渐渐有疑，中则节节有疑。过了这一番后，疑渐渐解，以至融会贯通，都无所疑，方始是学。"

三、虚心涵泳

朱熹认为，读书要有虚心的态度，仔细认真，沉浸其中，反复琢磨，周密思考，才能明辨是非，解疑排惑，切忌自以为是、走马观花、浮光掠影、穿凿附会和粗心性急。

为什么要虚心涵泳？朱熹说："大凡读书……当烦乱疑惑之际，正当虚心博采，以求至当。"又说，"熟读沉思，反复涵泳，铢积寸累，久自见功"，"读书须是虚心方得"。

怎样虚心涵泳？朱熹在《朱子语类》中说："凡看书需虚心看，不要先立说。看一段有下落了，然后又看一段；须如人受词讼，听其说尽，然后方可决断。"在《读书之要》中又说："至于文义有疑，众说纷错，则亦虚心静虑，勿遽取舍于其间。""如其可取，虽世俗庸人之言，有所不废。如有可疑，虽或传以为圣人之言，亦须更加审择。"又说："读书须经细看，心粗性急，终不济事。"总之，"读书之法无他，惟是笃志虚心，反复详玩，以为有功耳"。

四、切己体察

朱熹认为，读书要结合自己的思想、知识、经验来理解推断，从书外去体察书中之味。

为什么要切己体察？朱熹说："读书须要切己体验，不可只作文字看。"否则，人云亦云是不会有所见地的。

怎样切己体察？朱熹说："读书不可只专就纸上求理义，须反复就自家身上推究。自家见未到，圣人先说在那里。自家只借他言语来，就身上推究始得。"又说："将自个己身入那道理中去，渐渐相亲，与己为一。"在强调切己体察的同时，朱熹又指出，"观书以己体验，固为亲切，然亦须遍观众理而合其归趣乃佳"，若只据己见，却恐于事理有所不同，欲径急而反疏缓也"。这里，朱熹告诫人们，读书也不可固执己见。

五、著紧用力

朱熹认为，读书是一件费心费力的苦差事，需要勤奋、刻苦、抓紧，舍得下苦工夫，花大力气，方可成功。否则，将一事无成。为什么要著紧用力？朱熹说："为学要刚毅果决，悠悠不济事。"读书不同于游玩，更不是请客吃饭，可以悠悠自得；读书如同逆水行舟，倘不奋力，就可能前功尽弃或无济于事。

怎样著紧用力？朱熹在《朱子语类》中说，"为学须是痛切恳恻做工夫，使饥忘食，渴忘饮"，"只是将勤苦换将去，不解不得休"。他还指出，阅读时要有紧迫感，不可松懈，"直要抖擞精神，如救火治病然，如撑上水船，一篙不可放缓"。

六、居敬持志

朱熹认为，读书要有纯静专一的心境和坚定远大的志向。敬，指用心专一。"敬不是万虑休置之谓，只是随事专一，谨畏不放逸耳。"

为什么要居敬持志？朱熹在《童蒙须知》中说："读书有三到：

谓心到、眼到、口到。心不在此，则眼不看仔细；心眼既不专一，却只浪漫诵读，决不能记，记亦不能久也。三到之法，心到最急，心既到矣，眼口岂有不到者乎？"又说，"心不定，故见理不得"，"立志不定，如何读书"。

怎样居敬持志？朱熹在《朱子语类》中说，"要读书，须先定其心，使之如止水，如明镜"，"将心贴在书册上，逐句逐字有着落，方始好商量。大凡学者须是收拾此心，令专静纯一；日用动静间，都无驰走散乱。方始看得文字精审"。同时他指出为学应以立志为先，志是心之所向和为学之目的，目的不明，无以为学。

善于读书的人，是经过他们那种创造性的读书方法，而进入一种艺术境界的。

亦疾亦缓，有质有量
——变速读书法

世上每个人的读书方法不尽相同。只要稍留心就不难发现：有些书是匆匆翻了一遍就放过去，而有一些书则是多次反复阅读。

上述这些现象告诉我们这样一个道理：读书不能像数星星一样平均使用力量，不能对每本书每章每节同等对待，而要根据读书目的区别对待，有略有详。

变速读书法是指在读书时，以不同的速度阅读一本书或一篇文章的不同部分的一种方法。

变速读书法是一种科学的读书法。它最突出的特点是把快速阅读与一般阅读（慢读）有机结合起来，联为一体，以快带慢，以慢促快，充分发挥快读与慢读各自的优点，弥补各自的不足。灵活地运用快读与慢读，这样既能扩大阅读视野，又能掌握书中的精华，既有量又有质。

许多人的读书经验告诉我们，读书钻研学问，要处理好广博与精深的关系，面对一本书，甚至一篇文章，则要处理好略读与详读的问题。

不管哪一本书，就其内容而言都有观点和材料之分，有主要部分和非主要部分之别；对于一个读者来说，任何一本书都有有用信息和非有用信息之分，有关键信息和一般信息之别。因而，无论从客观还是主观上看，都有必要处理好略读与详读的关系，也就是快读与慢读的关系，我们不可能也无须将精力平均分配在全书各部分上。

那么一本书中，哪些知识信息应该快读，哪些应该慢读呢？

略读的对象一般是自己已经知道无须记的信息和书中较次要的章节、段落。对于这些地方可以采用快速阅读法，"一目十行"地略读，这种"走马观花"式的阅读，主要是为获得面上的了解。其特点是花的时间少，获得面上的知识多。

详读的对象一般是更新的知识信息和书中重要的章节、段落。对于这些地方就要放慢速度"十目一行"地详读。

详读时要字字推敲，句句钻研，层层深入地研究，从纷繁的知识中抓住要点，探明主旨，"渐渐向里寻到精美处"。

面对多如繁星的书籍，孰良孰莠，一部书或一本具体的书，何处快读何处慢读，要学会选择，"凡读书须识货，方不错用工夫"。

一本书有一本书的重点，不能一律看待。但在某些方面确有共性：

● 了解作者所要表达的基本思想，抓住重点。

● 找出全书最精彩的部分。

● 分清精华与糟粕。

● 钻研深奥难懂的部分。有时，你读一本书，其中某一章某一节也许是全书的主旨，不仅感到特别深奥，难以理解，而且又可能是起承上启下的作用，不弄懂，就会妨碍对全书内容的理解，因而这也是必须详读的重点。

还有，如果一本书你打算读几遍，也可以根据每一遍的不同目的确定不同的重点。

快离开了慢，就会转化为"杂"与"浮"，慢离开快，又会演变为"陋"与"拙"，快读与慢读有机结合，才是治学的必由之路。